跨文化视角下商务英语与交际探索

张祎祺 著

中国原子能出版社

图书在版编目（CIP）数据

跨文化视角下商务英语与交际探索 / 张祎祺著 . --
北京 : 中国原子能出版社, 2019.11（2023.1重印）
ISBN 978-7-5221-0183-5

Ⅰ . ①跨… Ⅱ . ①张… Ⅲ . ①商务—英语—研究
Ⅳ . ①F7

中国版本图书馆 CIP 数据核字（2019）第 256995 号

跨文化视角下商务英语与交际探索

出版发行 中国原子能出版社（北京市海淀区阜成路43号 100048）
责任编辑 王 青 刘 佳
责任印制 赵 明
印 刷 河北宝昌佳彩印刷有限公司
经 销 全国新华书店
开 本 787mm × 1092mm 1/16
印 张 13 字 数 218千字
版 次 2019年 11月第1版 2023年1月第2次印刷
书 号 ISBN 978-7-5221-0183-5 定 价 72.00元

前　言

随着经济的不断发展，国际间的合作越来越广泛，经济呈现出世界化的趋势，在经济繁华的背后，交流成为了重要的因素。然而，不同的国家有着不一样的语言，为了更好地交流，就需要有一个标准的语言，这个语言就是英语，因此商务英语在国际经济中有着很大的影响。从一定程度上来说，学习者在学习商务英语的时候，最大的挑战就是语言本身所包含的内涵及意义。在国际上所有的经济贸易中，所使用的英语都是商务英语，商务英语是在商务中所涉及的用语。因此商务英语在国际上是不能缺少的，在国际贸易中占据着不可代替的地位。学习者在学习商务英语的时候，需要注意英语的词汇、语法、句式等相关的因素，了解了这些相关的因素之后学起来也就容易得多。学习者们在学习商务英语短文时，不仅能够培养自己的英语技能，还能够提高自己对国际文化的了解，在潜意识里面，也会对文化的差异有包容性，这样才能培养自己的跨文化的交际能力。

本书基于跨文化交际的视角，首先概述跨文化交际的相关内容，包括环境对跨文化交际的影响、现代跨文化交际理论以及跨文化交际中语言交际和非语言交际，其次讲述商务英语的概念、语言特点，最后对跨文化视角下商务英语的语言特征、商务英语翻译、商务英语实践以及跨文化视角下商务英语交际的发展做了详细的研究和总结。

本书在编写过程中借鉴了许多专家的研究成果，参阅了大量的文献资料，谨致真挚感谢。由于时间仓促，笔者水平有限，文中若有不足之处，热烈欢迎广大读者提出宝贵意见。

目　录

第一章　跨文化交际概述

第一节　跨文化交际

一、跨文化交际的内容

跨文化交际涉及很多学科，其基本内容一般包括以下两个方面：

（一）文化价值观的文化维度理论的研究

文化维度是跨文化理论中最具影响力的一个理论。该研究确定了区分不同国家文化的四个维度：个人主义与集体主义，权力距离，不确定性避让与不确定性容忍，男性化与女性化。个人主义强调个人所得和个人权利，包括个人的自我决定权利；集体主义文化则强调集体所得和集体权利，包括集体对个人的决定权。权利距离是指一个社会中的人群对权利分配不平等这一事实的接受程度。不确定性容忍高的人们敢于冒险，对未来充满信心，而不确定性避让高的人们则相反。在跨文化交际过程中，对于隐藏在文化深层里的价值观无法回避，人们恰恰是通过了解价值观的不同，来加深对跨文化的理解。

（二）言语行为文化特性方面的研究

不同的文化会产生差异，文化差异反映到语言上就成为语言上的差异。语言是文化的产物，又是文化的一种表现形式，语言的使用要遵循文化的规则。语言的使用中说话的直接与间接是文化差异比较明显的特征之一，大体可以分为低语境和高语境。低语境国家语言使用比较含蓄隐晦，而高语境国家语言使用比较直截了当。因此高语境环境下的人们可能会认为低语境国家的人们不诚实，而低语境国家的人们则会认为高语境的人们不礼貌，这就产生了交际上的障碍。

二、跨文化交际的表现形式

不同的学者从不同的角度对跨文化交际的表现形式进行了界定。通常个体对自身文化以外的其他文学作品、艺术作品、建筑遗迹等的欣赏和认识也是跨文化交际的表现形式，跨文化交际的方式可以是直接的，也可以是间接的。古迪康斯特把跨文化交际视为不同群体之间的交往。这种观点同样值得商榷，因为它忽略了个体之间的交往。跨文化交际指的是不同国家、不同文化、不同民族、不同个体之间相互交流信息，共同构建意义和身份的过程。

例如：张三大学毕业后，申请到加拿大的一所学校读研究生，读书期间住在当地的寄宿家庭里。他刚住进去的时候，房东给他一张单子，上面列满了在这个家庭中哪些事情可以做，哪些事情是禁止的。其中一条规定洗澡时间不能超过15分钟，对此，张三很难理解，认为这是对他的不尊重。后来，经过沟通才知道房东并无恶意，而是由于该家庭使用的是太阳能热水器，因而家庭中每个成员都必须严格遵守洗澡时间，无一例外。

在这个案例中，张三与房东之间的交流就是一种跨文化交际，在张三的文化认知中，人们不会直接告知对方应如何做，更不会用命令的方式来要求对方。而在加拿大的文化背景下，明白无误地表达个人观点是最基本的交际手段。经过沟通之后，两人不仅对彼此的文化有所了解，确认了彼此的身份，而且使这种交际达到了一种有效的平衡。随着社会各个领域全球化的到来，政治、经济、教育、艺术、科学等领域的建构和发展越来越依靠各国之间的对话和交流，跨文化交际也在不同的领域中发挥着越来越重要的作用。以下将以跨文化交际最显著的三个领域——旅游、贸易、教育为例，对其表现形式展开论述。

（一）旅游领域的跨文化交际

旅游是普通民众相互接触的最普遍的方式之一，也最容易遭遇文化休克。近年来，国人出境游成为一种很常见的现象，但是负面报道也随之见诸报端。例如，据报道，2013 年 5 月我国游客在埃及神庙上刻字“某某到此一游”，同年 8 月又报道我国游客在法国卢浮宫前水池里泡脚等。这些行为表现实际上可以在文化中找到其深层原因，我国传统文化中历来有文人墨客刻诗于岩壁，题诗于庙宇的佳话，古训“成大事者不拘小节”也可视为国人不注重个人形象的成因。虽然事出有因，但是依据当今文明社会的标准，这些表现却是需要加以规范和改正的。

不同文化群体在行为举止上的差异在有些情况下可能会造成一种尴尬的场面。例如在国内，老人会伸手抚摸陌生孩子的头以示喜爱。这在欧美人看来是很难接受的，他们会直截了当地拒绝和制止这种行为。再比如英美人在路上遇到陌生人时一般会报以礼貌性的微笑，或者简单地问候一声，如果不这样做则会被视为不礼貌。然而，在日本、中国等地，陌生人之间则很少发生交流，当陌生男子盯着异性看时，会被视为粗鲁和无礼的表现；而在美国等地，陌生男子大声地向异性打招呼时，有时会被看作是对女性的赞美。

例如，美国人 Mary 来中国时住在当地的朋友家里，这个中国家庭为了表示自己的好客之道，经常带她出去吃饭，每次都是在晚饭前一小时跟她说我们今天晚上去某某地方吃饭。有时，周末的时候会跟 Mary 说今天我们去某个地方旅游。这让 Mary 很苦恼，因为这种临时的安排经常会打乱她的时间计划。

中美对于时间观念的认识存在着较大的差异，美国人喜欢制订日程计划，每个时间段要做的事情一旦确定之后很少会调整和改变，而中国人比较容易变通，喜欢临时做出决定，给对方一个惊喜，却并未意识到这种惊喜给对方造成的不便和麻烦。由此可见，不同文化背景下的社会行为规范对跨文化交际具有一种制约作用，只有保持跨文化的敏感性，理解并尊重文化的差异，积极进行自我调整，才能提高交际效率。

（二）贸易领域的跨文化交际

全球贸易的增速发展传达出这样一种信息，即贸易领域对跨文化交际人才的需求将呈几何倍数增长。在跨国企业全球“开花”的形势下，员工在不同国家之间的频繁流动成为一种司空见惯的现象，而跨国并购谈判也同样成为跨文化交际中备受关注的课题之一。

例如：某跨国公司中国区域负责人事的副总裁 David 是一位美国人，他上任后第一年年终考核时约见了几位中国员工，当他问及员工未来五年的职业规划时，他们的回答如出一辙，诸如在公司所提供的良好的平台下，相信自己今后会有出色的表现等。这让David很困惑，认为这些员工没有明确的个人目标，做事条理性不够，因而考核结果为不合格。中国员工在知道结果后非常委屈和不满，认为自己兢兢业业却得到了这样的结果。上司与员工之间互相不满意对方，引发了公司内部一场不小的危机。

上述危机主要是由交际双方核心价值观的不同所引起的，中国人注重内敛谦虚和韬光养晦，不会明确表示自己五年内将晋升到何种职位，否则会被视为贪心不足或者对上司职位的威胁。然而美国人做事一向先制订计划，然后按照时间规划有步骤地实施自己的计划。案例中的上下级矛盾主要是由文化冲突造成的，如果双方能够放下先入为主的偏见，理性看待文化的差异，那么就可能化解危机。贸易领域的跨文化谈判是较早受到社会学家、语言学家、经济学家关注的一个重要课题。

例如：中国某代表团曾赴美国纽约某公司进行项目的投资谈判，当他们到达机场时却发现没有人来接机，只好自己打车前往。他们到达公司会议室入座后，却发现没有人茶水伺候，这让他们感到十分不满。会议开始后，中方代表就本市的经济、交通、政策等宏观领域进行了概括性陈述，美方代表则就长期贷款、土地使用、税收优惠等细节问题进行了询问，以期中方代表就此做出详细的解答和坚定的承诺，然而这显然超出了中方代表的权限，导致双方之间出现了一个尴尬的场面。后来，经过双方努力，事情总算有了起色，当谈判接近尾声，尽管还有一些细节尚未敲定，但是中方代表却敦促美方当场签订合同，从而为谈判画上一个圆满的句号。后来的事实证明，中方为此付出了额外的代价。

中国人讲究面子，在对待宾客上唯恐有不周到之处，比如接机、专车接送、茶水服务、接风宴、庆功宴等，如果对方未能以这种方式招待自己，就会觉得自己未得到应有的重视和尊重。合同的仓促签订，也表明中国人凡事讲究圆满，即使委曲求全也在所不惜。美国人崇尚平等，没有特权观念，所以不会认为领导的面子有多重要。在谈判的时候，中国人以建立长期的合作关系为主要目标，美国人则以合同的签订为主要目的。简而言之，文化的不同在该谈判中扮演着重要的角色。

（三）教育领域的跨文化交际

外语教学是跨文化交际较为频繁的一个领域，全球化使得教育无国界的特征愈加显现，迄今为止，留学生或外籍教师几乎遍布我国每一所高校，与此同时，国外高校留学生的人数也呈逐年增长的趋势。这些学生带着本国文化的印记来到一个陌生的国度，势必会与他国文化发生碰撞。

例如：中国某学生以优异的成绩被美国某大学录取，在求学期间，他从不迟到或旷课，并且按时完成老师布置的作业，然而出乎意料的是，他的期末成绩很不理想。老师给他的期末评语是：上课时没有积极参与课堂讨论，与同学之间缺乏沟通和交流。由于课堂表现在期末考核中所占比重较大，因而影响到了他的总成绩。

中国学生在课堂上很少发言，原因有两个：一是其内敛、谦虚的民族性格；二是本国文化价值体系认为，课堂上挑战教师的权威是一种不尊敬教师的表现。而在美国，学生即使不知道问题的答案，也会踊跃地提出自己的看法，这一行为被大加赞赏和鼓励，因为它意味着学生关注该话题，并且进行了积极的思考。如果有的学生没有发言，则容易被误解为懒惰。这个案例清楚地表明文化在教学过程中所扮演的角色。此外，外语教学过程中最能体现跨文化交际的地方在于对熟语的理解。熟语是人们常用的定型化了的同定短语，包括成语、谚语、惯用语等。例如，狗在很多国家都被用来看家护院或者当作玩耍伙伴，获得了诸如忠诚、可爱、人类的朋友等一些标签，但是在汉语熟语中却存在着大量与狗有关的贬义词语，例如狗仗人势、鸡鸣狗盗、狗眼看人低等。而在英美等国家，与狗相关的熟语却大多含有褒义，例如 a lucky dog（幸运儿），love me，love my dog（爱屋及乌），dog and pony show（盛大表演）等。狗在两种语言中具有不同的形象，其根本原因在于文化的不同。中国古代是渔猎时代，也是狗被驯化的初期，狗是人类打猎的帮手，享有较高的地位，但是随着牛羊猪等的驯化，人类进入农业时期，狗的地位急剧下降，再加上它们的生存仰人鼻息，所以后来出现的狗腿子、狗仗人势等都与之相关；狗在乞食时晃动尾巴并无任何特殊的意义，中国人却将这种行为赋予“谄媚”的含义，由此衍生出其他一系列的贬义词。英美等国家社会的发展、人际关系等都遵循着另外一套法则，也就没有这类词汇。熟语在日常生活中具有较高的使用频率，它蕴涵了丰富的文化因素，在外语教学过程中，不但要简要地说明熟语的意思，还要点明其文化背景，才能将其运用到恰当的场合中。例如，rain cats and dogs 意为“倾盆大雨”，该短语起源于早期水手的迷信，假如水手出海前在路上遇到猫或狗，则预示着此次航行会遭遇狂风和暴雨，借助于相关性联想，人们开始用“下猫下狗”来指代“倾盆大雨”。再如，汉语中有大量生动、形象的熟语，“穿小鞋”“戴高帽”“猴年马月”等，在熟语教学过程中，首先需要点明寓意和文化背景，其次需要教师创设较多的语境来帮助学生准确掌握该熟语的用法。

第二节　环境对跨文化交际的影响

任何文化都与本民族的生产和生活现实存在着密切的关联。由于不同民族的发展历程、生活环境、生产和生活方式、生活态度等存在显著的差异性，由此衍生出的物品类型、行为举止、社会规范、思维方式、风俗习惯（包括个人与集体观念、时间观念、权势距离感、信息交流的方式——直接透明还是间接含蓄）等必然有不同于其他民族文化的独特之处。

环境（environment）是指围绕着人群的空间及可以直接、间接影响人类生活和发展的各种自然因素、社会因素的总和。交际环境是指对交际行为、方式、内容和效果产生影响的自然、社会及个人因素。

人们在进行跨文化交际的过程中，环境是影响交际效果的重要因素之一。一方面，交际往往受特定时代、特定氛围的限制，交际者应该尊重当前的事实环境。在谈话的气氛、格调及语言材料和表达手段的选择上都必须适应现实的状况。另一方面，交际的具体时空因素制约着语言表达手段的具体选择和话语模式的确定。

交际环境根据不同的标准可以分为圈内环境和圈外环境，自然环境、社会环境和人物个性环境，高（强）环境和低（弱）环境等。

一、圈内环境和圈外环境

根据交际范围来分，交际环境可以分为圈内环境和圈外环境。圈内环境和圈外环境是宏观跨文化交际的范畴，既涵盖国家范围内跨民族的交际和民族范围内群体间、行业间的交际，也包括跨国家和跨民族的交际。

所谓圈内环境是指在交际者长期生活的群体范围内与其他个体进行交际所处的环境和氛围。一般来说，在圈内环境中进行交际，交际者享有的社会规范相同，影响交际行为和效果的主要是个人的认知和个性等因素。行业内有行话。对于小偷来说，他们之间的信息传递和交流是普通人所不懂的，如他们的行话“靶子”（所确定的偷窃对象）、“掀门帘”（在女士进入商场用手掀起门帘时，将注意力转移到掀门帘的行为上，而放松对自己背包的看管，此时是下手偷窃的绝佳时机）等都是普通人所不能理解的。

圈外环境是指交际者离开原来的群体来到一个陌生的群体环境中进行交际所处的环境和氛围。在圈外环境中进行交际，影响交际行为和效果的因素很多，包括自然因素、社会因素和个人因素，交际者既要了解和适应交际对象的文化，避免触犯禁忌，同时又要容忍因文化差异带来的冒犯与亵渎。圈外环境下的交际往往以文化了解为基础，否则会造成交际失误，甚至失败。

二、自然环境和社会环境

按照属性来分，交际环境可以分为自然环境、社会环境和人物个性环境。从现实的角度来看，影响跨文化交际的环境主要是自然环境和社会环境。

（一）跨文化交际的自然物理环境

自然物理环境是人类通过长期有意识的社会劳动，加工和改造自然物质、创造物质生产体系、积累物质文化等所形成的环境体系。自然物理环境对人们的生产和生活产生一定的影响，如物产的差异及其衍生的生活习惯和观念的差异等。对跨文化交际产生影响的因素主要是时空环境，即交际的时间和空间环境。

交际中的空间环境主要包括交际时所处的位置环境和地域环境。

1. 位置环境

所谓位置环境是指交际行为发生时所处的实际位置，其通常会赋予交际内容一定的含义或者联想。例如，吃饭时谈论与大小便有关的话题会让人产生不快的联想。如果不注意位置环境，通常会造成交际的失误。

例 1：

十三爷：谁是这里管事的？

狱官：在下就是

十三爷：你说，我能进去吗？

狱官：完全可以，别说进去，就是在里面吃饭睡觉都可以。

十三爷 : 你个王八羔子，你在咒我呀！

《康熙王朝》

此案例中，不难看出“就是在里面吃饭睡觉都可以”与交际的现时场所“监狱”联系在一起会令人产生联想含义——坐牢，难怪十三爷不高兴。

例 2：

A: How much is it ?

B：One dollar.

此对话如果发生在美国，“One dollar”实指 1 美元；如果在加拿大或者澳大利亚，则分别指 1 加元或者 1 澳元。虽然数字相同，但如果按国际习惯兑换，算上汇率，其间的差别就大了。

2. 地域环境

不同民族赖以生活的地域存在地理环境上的差异，因而与之相关的气候、地形、生物以及生产生活方式、社会结构、风俗习惯等自然背景和社会背景也必然存在显著的差异性。

由于不同民族所处的地域不同，不仅会导致物产上的差异，还会形成习俗、规制方面的差异。例如，在海边生活的民族，其物产主要是水产品，其习俗也往往与水有关，如“开渔节”等。生活在草原地区的民族，其物产主要是畜产品及其附属产品，其习俗也往往与牧业有关，如我国藏族在藏历六月（农历八月）举行为期八天的“当吉仁”赛马节等。生活在平原的农业产区，其物产主要是农副产品，其习俗也往往与农业有关，如汉族的“春节”，是庆祝上一年的丰收和展望下一年的成就。

交际的形式和内容与人们在一定地域条件影响下的劳动生活和文化密切相关。例如，“大手大脚地花钱”这一意思的英文表达是“spend money like water”，这一表达与英国的岛国环境密切相关；而同义的汉语表达是“挥金如土”，与中国的农耕文化密切关联。英国是一个岛国，历史上航海业比较发达，因此很多语言都与水和船相关。例如，“to rest on none’s oars”（暂时歇一歇），“to keep one’s head above water”（奋力图存），“all at sea”（不知所措），等等。

英语中有俗语：“East is east，and west is west，and never the twain shall meet.”《晏子春秋》中也有类似的表达：“橘生淮南则为橘，生于淮北则为枳，叶徒相似，其实味不同。所以然者何？水土异也。”这些说法的文化地域性特征很明显。

场合语境是人们在交际中选择语言材料的基础。对交际场所的重视可以避免与特定背景不协调的情形，从而实现有效的交际。

3. 时间环境

时间观是人们在长期社会实践中自然形成的。人们的时间观一旦形成，便深深地潜藏在人们思想的深处，制约和支配着人们的言行。反过来，一定的言行又反映一定的时间观，人们的言行传递出与时间观有关的信息。美国人类学家爱德华·霍尔说，时间会说话，它比有声语言更坦率，它传达的信息响亮而清晰。

交际的时间环境是指交际发生时对交际方式的选择、交际内容的繁简和交际效果的好坏等产生影响的时间点或者时间段。交际发生的时间点或者时间段对交际产生影响，因此，交际对时间点或者时间段的选择与适应直接影响交际的效果。

（二）社会环境

社会环境是指人类生存及活动范围内社会物质和精神条件的总和。社会环境一方面是人类精神文明和物质文明发展的标志，另一方面又随着人类文明的演进而不断地丰富和发展，所以也有人把社会环境称为文化与社会环境。人类在改造自然、发展生产、创造文明的活动中结成不同的群体，建立了生产关系和社会关系。不同的社会制度、经济状况、风俗习惯、文化背景等构成了社会环境。广义的社会环境包括整个社会经济文化体系，如生产力、生产关系、社会制度、社会意识等。狭义的社会环境仅指人类生活的直接环境，如家庭、单位、组织和其他集体性社团等。

社会环境对人的形成和发展进化起着重要作用，同时人类活动给予社会环境以深刻的影响，而人类本身在适应和改造社会环境的过程中也在不断变化。

1. 心理环境

心理环境是德国心理学家勒温在拓扑心理学中提出的一个基本概念。心理环境是指对人的心理产生实际影响的整个生活环境。它是指人脑中对人的一切活动产生影响的环境事实，也即对人的心理事件产生实际影响的环境。

人们的生活环境包括自然环境和社会环境，它囊括了对人产生影响的一切过去、现在和将来的人、事、物等全部社会存在，其中历史传统、文化习俗、社会关系等社会现实，则是更为重要的心理环境。只要有心理的存在，都可能有意识或者无意识地影响着人的行为。

中西方的自然环境、社会环境及文化渊源差别很大，因而形成了具有各自特色的习俗。例如，在个人形象方面，西方人比较注重个人仪表，有约定俗成的适用于不同场合的服饰规则（dress code），而在中国则没有特别的服饰规则；在待人接物方面，西方人在第一次见面时习惯于主动进行自我介绍，办公事时凭名片证明自己的身份,而中国人往往在已知对方身份的前提下才主动进行自我介绍，办公事需持公函或者单位介绍信，分宾主位次落座；在称谓方面，西方人以平等对称为主，职衔称谓为辅，而中国人往往强调职权，以职衔敬称为主，平等对称为辅；在问候礼仪方面，西方人往往以时间、天气等为媒介来问候对方，礼品偏重纪念意义，而中国人往往以关心对方的身体、饮食等个人事务为媒介来问候对方，礼品偏重实用，并强调双数和寓意等。

2. 认知环境

认知环境被定义为人们能够明白的一组事实。这些事实体现为认知环境里的各种元素，包括对物质概念与精神概念的分辨、对具体概念和抽象概念的取舍、对正确概念与错误概念的评判等，共同组成认知主体的总认知环境。

在跨文化交际中，人们总是利用已有的认知来对人们的交际语言或行为进行正误、优劣等价值性评估，并在评估的基础上做出适当的反应。如果超出已有的认知范围，往往会做出错误的评判，影响到交际的效果。

第三节 现代跨文化交际理论

一、跨文化交际学

身为传播学的一个领域，跨文化交际学乃是由爱德华·霍尔最初的研究，慢慢地发展成一个内容丰富的庞大领域。跨文化交际和传播研究两者具有一个共同的基础概念：传播、沟通（communication）。但是传播和文化（culture）两个概念结合后，才开始建立起跨文化交际学这个学科的正身。20世纪70年代之后，有学者试着界定跨文化交际学的内涵。除了《传播年刊》（*Communication Yearbook*）前四期各有一篇论文，专门探讨跨文化交际学的领域外，还有几位学者的作品值得讨论。

首先，按里奇（Rich）的看法，跨文化交际为一个笼统的概念。为了研究和学习上的方便，里奇主张把跨文化交际学分为以下五个领域：

1. 跨文化交际学（Intercultural Communication）

探讨来自不同文化的人们之间互动的关系。例如，中国人和美国人或日本人和巴西人之间的互动。

2. 国际间传播学（International Communication）

探讨来自不同国家代表人之间的互动关系。例如，联合国里各国代表之间的互动或韩国大使和加拿大总理之间的会谈。

3. 种族间传播学（Interracial Communication）

探讨一个国家或地区内多数（majority）和少数（minority）民族之间的互动关系。例如，中国台湾的汉族和原居民或美国盎格鲁－撒克逊白人与非洲裔美国人之间的互动。

4. 少数民族间传播学（Interethnic 或 Minority Communication）

探讨同一国家内少数民族之间互动的关系。例如，华裔美人和日裔美人之间或中国境内苗族与彝族人之间的互动。

5. 逆向传播学（Contracultural Communication）

探讨由跨文化交际转入种族间传播的过程。例如，哥伦布登陆美国时到目前白人和印第安人之间互动的关系。

里奇的分类内容包含很广，虽然有的定义（如国际间传播学）过于狭隘，而且与既存定义有所不同，但是这种区分给学习的过程带来很大的方便。

另外，从里奇的分类，可以看出她心目中跨文化交际研究的对象，完全是以人的互动为主，并且侧重在人际间沟通的方向。

总而言之，目前跨文化交际研究的主流，乃是以人际间的沟通行为和文化的互动为对象，它承袭了传统的传播学研究方法，并且相当重视实际上的应用。这种理论和实际同时并进的现象，也正是跨文化交际研究的一大特色。作为传播学的一个分支，跨文化交际学可以说是传播学的多样性（diversity）和包容性（inclusiveness）所产生的一朵奇葩，从 20 世纪 50 年代爱德华 • 霍尔的努力至今，这门学科发展的速度令人惊叹。这是一门由沟通的需求而产生的研究领域，由于“地球村”（global village）、民族自决与文化多元性（cultural diversity）等潮流的兴起，可以预见跨文化交际学的发展将会经久不衰。它的应用性也会愈来愈受到重视，而且在整个传播发展史上，业已建立了一席不可磨灭的地位。

二、跨文化交际学的伦理原则

“互惠性”（reciprocity）乃是跨文化沟通最具有普遍性的伦理原则。这是“己所不欲，勿施于人”的发挥。也就是说，在沟通的过程中，不可把人们不希望别人的事加诸自己的沟通方式，用来对待他人。这个普遍性的伦理原则要求四项行为的准则：相互性，不妄加臆断，诚实与尊重。

1. 相互性

跨文化沟通的相互性（mutuality）要求不同文化的双方，必须尽力建立一个共同的互动空间，而且不能期求把这个互动的空间，建立在自己或对方的文化基础之上，双方必须了解到，积极寻求一个可以畅言舒心的共同分享的空间的重要性。任何缺乏弹性的以自己文化作为沟通标准的互动，都是跨文化沟通的障碍。

2. 不妄加臆断

不妄加臆断（nonjudgmentalism）是开放心灵的表现。它意味着我们在适当情况下公然表达心思与接受他人表达的意愿。不妄加臆断的功夫能促使信息流通自如，同时在跨文化互动的过程，加强认同、感激与乐意接受不同意见的素养。不妄加臆断的目的在于解除双方信息自由互换的桎梏，而达到此目的的首要条件，就是从认知文化价值的差异建立起彼此之间的互信。

3. 诚实

诚实（honesty）指对自己发出信息的理解与对互动对象的坦白。《中庸》里曾提到“不诚无物”，人际交往的过程，只要一心，存不实，有所作为和无所作为是一样没有意义的。诚实乃是看待事物之本然，而不是把事物依人们所要看待的样子去看待。全然了解自己与文化可能存在的偏见，是在跨文化沟通的过程表现出诚实之心与行为的基础。

4. 尊重

尊重（respect）强调对互动双方基本人权的护卫。尊重他人的能力，建立在察言观色以得知与认可对方需求的那股敏觉力（sensitivity）。这意味着必须认识到，在互动的过程中，一种想法可用多种方法来表达。因此，尊重这种因文化差异产生的信息表达的多样性，乃成了在跨文化沟通中所应遵循的原则。这种相互尊重的做法正是保护互动双方人性尊严的良方。

这四项伦理原则是培养一个多族裔、多文化间人们能真正对话（dialogue）的环境的必要措施。这些原则也提供了跨文化沟通的行为准则。

三、跨文化交际学的伦理准则

从以上所述的四项伦理原则，可以归纳出五条跨文化交际所该依循的行为准则：志愿性的参与，尊重个别性，免于受害的权力，隐私权的保护与避免强加个人的偏见。

（一）志愿性的参与

不受胁迫的参与互动，是跨文化交际最基本的需求。这种志愿性参与的本质，强调沟通双方全然与正确地了解互动本身可能带来心理与社交上负面的冲击。很明显地，强迫他人参与跨文化交际的行为，违反了相互性与尊重两项跨文化沟通的伦理原则。

（二）尊重个别性

文化本身固然是影响跨文化沟通最重要的因素，但只有在文化冲击发生之前，强调个别性（individuality）的重要，一个真正的对话才有可能产生。纵使文化处处规范其社会分子的思想形态与行为举止，同文化内个别性的差异仍是相当明显。在文化规范之前试图寻求了解个人的特性，是避免落入文化刻板印象（stereotype）之窠臼的要素。文化刻板印象的缺点，在于把群体的特性当作是个人的特性，因此抹杀了个体性的存在。

（三）免于受害的权力

基于诚实的沟通伦理原则，任何加诸互动对方生理上、心理上或社交上的伤害，必须完全避免。这个原则包括不应该使用不适当的方式来操纵对方，例如刻意提出互动西方文化禁忌（cultural taboo）之事或侵犯个人信仰之举止皆是。类似这种伤害式的行动，轻者使人赧颜困窘，重者往往会引发严重的冲突，形成跨文化沟通不必要的误解。

（四）隐私权的保护

跨文化交际相互性的伦理原则，并不意味着相互侵犯隐私（privacy）。不管互动对方的性别或文化背景，尊重个人的隐私是任何沟通顺利进行的必要条件。为了特殊目的需要提出某种问题，事先应该照会对方或寻求对方的同意，以免因突如其来的语言或动作使对方措手不及而感到惊讶或不快，这在跨文化沟通上是很基本的修养。

（五）避免强加个人的偏见

最后一个原则是避免把自己的意见强加到互动对方。由于人类的认知系统因文化的不同而有着多样性的差异，这种经由文化的影响产生的主观性，常常在跨文化沟通时，造成个人的偏见（bias），导致不必要的误解。一个有道德良心的人，不但需要了解这种偏见可能带来的负面影响，更需要试着避免利用这种偏见，来哄骗或误导互动的对方。因个人偏见所产生的欺骗行为，是破坏跨文化交际双方互信的最大敌人。

四、跨文化交际理论

（一）交际资源

交际资源是指在不同的交际情境下适合地、有效地、创造性地运用认知、情感和行为资源的知识和能力。如同资源的其他形式，它与被作为学习经验的新情境被探讨的程度有关。

从认知角度，一个个体是否将跨文化交际看作是挑战并确立其身份的机会，或看作是令其忧心忡忡的事，对他怎样与陌生人进行交流有很大的影响。假如一个个体传递的是一种自我身份的保护意识，就很可能会唤起对方的自我身份保护意识。

跨文化交际的情感不是以自我为中心就是以他人为中心，或者更多情况下是两者的共同作用。文化对交际的附属物——情感意义和反应，起了主要作用。对于强调个性的人，大多是以自我为中心的情感。他们关心“公正性”，在自我和他人之间求得平衡，不断地希望获得公正的规则、原则和标准。相反地，以他人为中心的情感大多由强调共性者拥有，他们以人际关系为中心，可以通过一些表示关切的活动而相互接近。在这两种情况下，个体情感资源要求能解决一些情感的问题。文化和性别的差异同时影响个体的自我概念和道德构建。

在不同情境下处理不同个体的不同身份需求，跨文化的交际者需要行为资源来发展大范围的言语及非言语的活动。能对陌生人做出反应和回答，并随时从对方处获得信息是行为资源的其他方面。

（二）片段描述理论

片段描述理论是一个以认知为中心的跨文化交际理论。福加斯（Forgas）提出跨文化交际的关键是交际双方对社会生活片段没有相配的或共享的认知描述，也就是说，他们以不同的表达和形象来描述这些社会生活的片段。社会生活片段是“在一特定的文化或次文化中，典型的反复发生的互动活动。这种特定的文化及次文化构成了交际行为的‘自然单元’。同一文化或次文化的成员之间拥有相互共享的、隐性的认知描述。”福加斯提出交际片段的认知描述在一些主要特征方面得以区别，分别是：交际所承担的亲密程度、参与程度及友好程度；自信；对每次交流的正面或负面的评价；任务定位或关系定位；焦虑；文化价值观，如强调共性／强调个性，获得成绩／人际关系。

福加斯断言，交际者描述的差异越大，他们相互理解的难度也就越大。文化和次文化的不同是这种差异的主要来源，但其他变量在跨文化交际中也同样存在。这些变量，如一些普通的技术性的专业知识，有利于跨文化交流的顺利进行。另外，通过创造共享的认知描述，交际者可以战胜交流的障碍，因此，跨文化交际的有效性与可在交流者之间创造的共享片段描述的程度有直接的联系。为了互动的成功，参与者必须在社会情境定义上取得根本的一致。

似乎只有一项研究对福加斯的跨文化交际理论进行了直接的检验。这是一项拿较成功及较有凝聚力的学生团队和相对不成功及不怎么有凝聚力的学生团队进行对比的研究。研究结果表明：较有凝聚力的团队比较松散的团队具有更复杂的社会片段描述（前者具有三个维度：友好度、亲密度和活跃度；后者只具有两个维度：评估和友好度）。尽管如此，其他研究发现也给这个理论的某些部分提供了支持。例如，一项对学生和家庭主妇进行的对比研究表明：对家庭主妇来说，社会片段大多是在以下方面得以描述，如亲密度和友好度、自信及正面的或负面的评价。研究结果没有给出学生的情况，但暗指学生的情况是不同的。一项对大学教师、研究生及学校其他职工的对比研究表明：身份地位越低，其在社会片段感知的焦虑性就越高；参与性是大学教师使用较多的一个标准；学生具有较低的评估性却在任务目标性上占据最高位置。

另一个发现是一个个体明示的社会经验水平跟他／她的社会片段描述有很大的联系。具较高社会经验的个体更多地从评估和饱和度两个维度来看待社会片段，而具较少社会经验的个体大多从焦虑性这个维度来对待社会片段。

（三）跨文化交际的构建法

建构主义提出：人们所需要的并不是一个跨文化交际的理论，而是一个相关的理论。从根本上来说，它的适应焦点可以包含历史上出现的群体生活在交流上各种形式和作用的影响。也就是说，跨文化交际总的来说是交际的一个部分，应该有一种交际理论足以控制和解释它。

根据海德（Heider）的说法，当前很多社会科学研究都在利用一种隐喻，即每个人都是自然的科学家，他们都试图从自己的世界里获取意义。而构建法认为，在人际这个讨论域里，推论和行为并不是或者说很少以预测或理解自我或他人为目的，而更多的是为了实现个人或情境所赋予的目标。在交际中的人可以被认为是“工具制造者”。人们相互交流做出反应，他们通常不会去理解他人为什么要有那样的行为，而是理解他人为达到他们自身的交流目的的所言所做而带来的即时隐含含义。通常这么做只是为了做出合适的反应，从而保证对话能顺利进展下去。

在一些日常情境下，交际被对话目的和一些例行公事所左右。如在日常工作会议即将结束时，人们总是会讨论和决定下次会议的日子，而不去想为什么和怎么样想。就是在这样的情境下，文化和文化差异对交际的影响是最明显的。因此，在一个强调等级的文化里，出席人员中地位最高的人的建议将是制定下次会议日期的决定性因素。而在一个强调人人平等的文化中，会议的日期就会根据所有人的时间安排，找空闲时间而定。尽管如此，由于这些习俗和习惯都是隐性的，进入跨文化交际的人们通常意识不到这些会给他们交流带来的障碍。这里隐含的意思是，文化对交际的影响很可能是最强的，又恰恰最不易被认识到。这种影响不仅仅存在于交流的最初阶段，也存在于工作关系的其他阶段。这与大多数其他关于文化对关系影响阶段的观点是冲突的。

文化的规则、习俗和礼仪在追求目标的过程中作为资源存在。在一般语境下，它们可以被看作是全部所需的了，但即使是这样，它们应当被看作是被使用的，而不是被遵循的。更苛刻的情境，就像那些跨文化交际的情境，要求说话人能使用以人为中心的信息来辨认出交际对方的想法，考虑他人的感觉并在合适的时候从他人的角度对要求和命令给予解释，通过明确的提问来获取他人态度、信仰及价值观的信息。以人为中心的信息比不以人为中心的信息更为复杂，它们对交际者要求更多的认知复杂性。用构建主义的话来说，它们“反映了过程取向的交际能力的综合”，并且，它们已经显示出它们能更有效地获取对方的好感。

（四）期待理论

期待状态理论的核心思想是对互动行为期待的影响，这个内容在前面已经有所介绍。人们根据信息接收者可能做出的回应，在不同的交际策略中进行选择。三种信息被用来进行这种猜测和预料，即文化信息、社会信息（角色和群身份）及个人信息。（北美人采用更多的个人信息，而非社会信息；而日本人正好相反。）在前文了解到人们对信息接收者可能做出的回应的期待对他们的交际行为有很大的影响。期待本身是以下这些变量作用的结果，它们是知识（了解）、信念/态度、旧观念、自我构想、角色、先前的交际和地位特征。在这个模式里，知识（了解）是指交际者对其第一次遇到的交际对方所应归属的群的了解。当一个个体遇到“生人”，同时又对“生人”所属的群体丝毫不了解，那他就会通过看其所行，听其所言，来对对方接下去的行为进行猜测，当然，这些观察是有选择性的，所得到的印象也会被交际者自身的文化构架所影响。这些通过观察和解释得到的行为被看作是“典型的”，推理由这些印象得来。

当与不熟悉的人交流时，这种进行推理的必要性就更大，这能导致极度预测和期待。事先对另一交际群了解得越多，就越不会倾向于过度解释一些通常在第一次交流时注意到的较细微的行为样本。先前的了解影响期待，从而影响行为。假如了解的情况是精确的，效果似乎就会是有利的。尽管如此，假如他们有着错误的信念和想法，或者这种了解到的“知识”是由简单化了的或不精确的旧观念组成的，所得到的期待就会歪曲行为，给交际带来相反的效果。马努索夫（Manusov）和赫格德（Hegde），从对 46 位美国学生及来自印度的同胞的录音对话中发现，基于对印度先前存在的了解和想法，这些美国人的交际行为有很大的不同。

通常人们会在三个策略中利用一个或多个策略来获取对另一交际群体的信息。其中，第一种是一种被动策略，如看电视（这种策略被认为是最容易导致对旧观念的过度依赖）或直接观察而没有互动。第二种是一种积极、主动的策略，即通过向来自另一群体的交际对方询问其文化或次文化。第三种是一种互动策略，即与来自另一文化或次文化的个体交流，问问题，自我表达，并努力发现一些值得注意的现象。第二种从表面上听起来像是一种信息收集策略，事实上，它正是这样的。尽管如此，获取精确的信息和与自我构想和角色将交际与个人身份联系起来。自我构想有三个组成部分：个人的、社会的和人类的。在特殊情境中，一个个体很可能会选择（有意识或无意识地）把自己定义为一个独特的个体（一种个体性的定义）或是群体中的一员（一种社会性的定义）。当交际行为大多是基于个人身份的时候，人际交往就产生了；当交际行为是基于社会或角色身份时，群际交往就产生了。当人们与另一个体作为个体与个体间联系的时候，他们对对方行为的期待将较少地受到他们对对方所属文化的信念和态度的影响；当交流情境被看作是群际交流时，情况却恰好相反。地位这个概念在所有的文化中被广泛运用。它被人们作为一种对其交流对方所形成的期待输入。总的来说，相比于地位较低的人，地位较高的人更易被人们期待或接受更多的行为。地位是由一些外部因素（如人种、种族、性别、外表、受教育程度、职业）和一些有关表达的因素（如眼神交流、说话方式、肤色），或者一些陈述的信息（如某人说他是在墨西哥长大的）构成的。虽然在所有的文化中，这些都被看做是构成地位的因素，但它们在实际应用方面却不是完全平等的。在日本，专业地位非常重要，人们只有了解它，才能用正确的方式与对方交流，因而在介绍的时候交换名片就很重要。在美国，正好相反，直接询问对方专业地位的做法被认为是很不礼貌的。在那里，不论是在性别的方面或工作方面，外表通常被看作是一个重要的地位因素。

在与他人的交际中，群际态度、旧观念、偏见及从而在交际过程中引起的情感回应都对期待造成影响。假如期待被违反，就很容易唤起情感回应，因此产生一种反馈循环作用。期待是基于对另一群体的了解，但是当这种了解缺失或不足的时候，期待者自身（次）文化的期待就会得到应用，当然，在这种情况下，这种期待极易遭到违反。这个话题吸引了伯贡（Burgoon）的注意，他提出了期待违反理论并对其做出解释。虽然这个理论也很好地归纳了言语行为，但它最初是特别针对非言语行为提出的。当另一个人的行为与感知者的期待一致的时候，对这种情况的意识通常并不明显，并且感知者总是根据他们“通常的”方式来判断“信息”或交流对方。这种“通常”的方式与他们对交际者和他们行为的归因一致。尽管如此，当另一个体的行为违反了原有的期待，期待者就会被这种违反所困扰。这种结果通常会以加强的形式来改变原有的评价，即正确评价的信息及信息来源者会受到更多的肯定，而错误评价的信息则正好相反。对违反和违反发出者的评价同样也受到违反者给期待者提供的“积极的信息”，如增强期待者自尊程度的影响。在与来自不同背景的人进行交际的过程中，期待很可能会遭到违反，但期待违反所带来的代价似乎是非常不受欢迎的。因此，与文化内交际相比，在跨文化交际中，期待违反理论暗指对交际对方的高度负面评价。

第四节 跨文化交际中语言交际和非语言交际

一、跨文化交际中语言交际

语言是交际的工具，也是文化的载体，在跨文化交际中具有重要地位。作为交际工具，不同的文化群体凭借语言进行沟通和理解；作为文化载体，不同的文化群体通过各自的语言展现不同的文化特征。

语音、词汇与句法是语言的三要素，三者之中语音对跨文化交际的影响没有其他两个方面那么直接和明显，词汇与跨文化交际的关系最直接。

（一）词汇与跨文化交际

词汇是记录和反映世界的语言符号，它代表着特定的对象或现象，人们通过词汇来表达对世界的认识。不同的民族由于在自然、地理、宗教及价值观念等方面的差异，对世界的认识也各不相同，并通过语言和词汇系统表现出来，这使得相同的事物在不同的文化中可能具有不同的所指，一种文化的词汇系统不能与另一种文化的词汇系统完全对应，同样的能指反映的可能不是同一事物。因此词汇及其语义是跨文化交际实践与研究的重要方面，理解不同文化之间词汇、语义的差异可以帮助我们进行跨文化交流。

词汇对文化的反映方式各不相同，有的词本身指代该民族特有的事物事件，如汉语中的“长城”“空城计”；有的词多个义项中的一个义项与民族文化相关，如“牛”“红”。前者是与文化直接相关的词汇，后者与文化的关系通过词汇不同层次的语义显示出来。

1. 与文化直接相关的词汇

词汇分为基本词汇和一般词汇。基本词汇很稳定，千百年来为不同的社会服务，不同的社会中基本词汇的重合度较高，比如“火”“人”。一般词汇则有较大的灵活性，不同的社会中差异较大，有的一般词汇与文化直接相关，其概念意义中含有明确的民族文化信息和深层的民族文化，特别是古语词、方言词及熟语，古语词常表示该民族历史上或精神层面的特有事物或现象，如汉语中的“鼎”“阴阳”“生肖”；方言词体现不同的地域特征，如四川话的“瓜”、上海话的“侬”；熟语是定型化了的固定短语，是特殊的词汇；熟语源远流长，是民族文化长期积累的成果，体现民族的物质文化、精神文化或心理文化的各个方面，各民族语言中都有丰富的熟语，成语是其中重要的一类。

成语是人们长期以来习用的、简洁精辟的定型词组或短句。成语来自于神话传说、寓言、历史事件、文人作品、摘录于文人作品中的名句、摘录于文人作品中引用的民间熟语，是民族文化的长期沉淀，具有丰富的文化内涵。汉语中有丰富的成语，如“天花乱坠”来自佛经《心地观经·序品》中的故事，传说梁武帝时云光法师讲经，感动了上天，天上的花纷纷降落下来，现在用来形容说话有声有色，非常动听，多指夸大的或不切实际的；“一视同仁”来自唐代韩愈的《原人》，指同样看待，不分亲疏厚薄。越南语、韩语也有很多的四字成语，比如越南语的成语 Quân sư quạt mo 的字面意思是拿着槟榔皮做的扇子的军师，意为狗头军师；chán lá đa 的字面意思是吃榕叶里的粥，意为孤魂野鬼，也指很可怜的人。韩语中的成语동두철액（铜头铁额）形容人太骄傲，脾气也不好；횡초지공（横草之功）的意思是在战场把草踩倒的功劳，意为出战取得的战功。这些成语往往与该民族的自然环境和文化特征有关，槟榔、榕叶都是越南热带环境中特有的植物，在成语中也会出现；横草的意思是把草踩倒，在中国是很容易的事情，但在韩国因为战争多在野外山地、草地上进行，用横草比喻战争的艰辛。英语 bone of the bone and flesh of the flesh 意思是骨中之骨、肉中之肉，比喻血缘上的亲属关系或思想上的团结一致，出自《圣经》上帝造人的神话。上帝造了世界和亚当后，发现亚当孤独无伴，就趁他熟睡的时候，从他身上取下一根肋骨，造成一个女人夏娃，领到他面前，从此两人结为夫妻。swan song 字面意思是天鹅之歌，实际意思是最后杰作、绝笔，源于希腊成语 kykneion asma，在希腊神话中天鹅是太阳神阿波罗的神鸟，常用来比喻文艺；天鹅平素不歌唱，而在它死前必定引颈长鸣，高歌一曲，其歌声哀婉动听，感人肺腑，这是它一生中唯一的、最后一次歌唱。

2. 词汇的语义

语义指的是语言中词语的意义。语义的异同与文化密切相关，是跨文化交际中的重要问题。

（1）指示意义与隐含意义

在日常交往中，词语本身所指称的意义是明确的，称为指示意义（denotation）；有的意义却是暗含在词语背后的，称为隐含意义（connotation）。一个词除了具有字面的指示意义外，还可能具有隐含意义。指示意义也称为字面意义、概念意义或明指意义，隐含意义也称为联想意义、引申意义或暗指意义，它是在特定的社会和语境中产生并表现出来的意义。例如，“海”的指示意义是“大洋靠近陆地的部分”，隐含意义可以指“连成一片的很多同类事物”。熟语常常通过指示意义来体现民族文化，基本词汇和大部分一般词汇则有所不同，它们常常通过隐含意义来表现文化特质。例如，“海”字的隐含意义还可以是“从外国来的”，因此汉语中有“海归”一词指代“在海外留学或工作后归国的人员”，四川话的“海椒”一词指代来自外国的辣椒。

由于客观世界的相似性和民族文化的特异性，不同民族之间指示意义相同的词语可能隐含意义不同。例如，“胖”这个词在汉语和德语中的指示意义都是“脂肪多”，但在汉语中还有传统和现代两种隐含意义，传统的含有富足的意义，现代的含有形象差、不注重体型的意义，现代的“胖”的意义与德语中“胖”的意义相同。因此词语的隐含意义与文化密切相关，对一个词的理解不仅要明白其指示意义，还要掌握其隐含意义，并在交际中准确地理解和使用。要特别注意由于文化不同而形成的词汇意义的差异，特别是隐含意义的异同，以保证双方相互的准确理解及顺畅交流。比如告诉一个中国人他很胖，这个中国人可以理解为自己生活状态不错，也可以理解为形象差；而说一个德国人胖，则会让听者以为自己的形象差、不健康，会让听者不舒服，引起负面情绪，影响双方的交流。

（2）跨文化交际中的语义差异

语义的差异，特别是隐含意义的差异，对跨文化交际有至关重要的影响。两种语言的指示意义和隐含意义的异同有以下几种情况。

第一，指示意义相同，隐含意义不同或截然相反的词汇。在不同的文化中，同一事物可引起完全不同的联想，在词汇意义上的表现是词语指示意义相同，隐含意义不同，即词汇具有不同的文化内涵或文化意义。比如“乌鸦”一词，在不同的民族语言中具有不同的隐含意义。在汉语中乌鸦代表着不吉利，如“乌鸦嘴”指的是说不吉利的话，然而在很多民族及其语言中，乌鸦代表着吉利，受到人们的喜爱和尊敬。在日本乌鸦是至高无上的神鸟，也被看作是孝心的代表；在缅甸，很多商店的店名是“金乌鸦”。再如“绿色”在英语和汉语中的含义差异较大，在英语中 green 有丰富的含义，可以指未成熟的、无经验的、易受愚弄的，也可以指面色苍白，有病容，还可以指人精力充沛，其他还可以代指嫉妒、眼红，如 green-eyed。而汉语的“绿色”主要是一种颜色，嫉妒是用相反的颜色“眼红”来表示的，“眼睛都绿了”则是“饥饿”“贪婪”的意思。

隐含意义有差异的词汇在跨文化交际中比较常见，在面对不同的文化时要注意各民族对世界的不同认识，并注意其体现在语言符号上的差异。

第二，文化中的词汇缺项。不同民族在物质生活上的差异很大，这也形成很多词汇缺项。如缅甸有一种洋麻叶菜，缅语称作 khyin baun，这是缅甸人常用来熬汤的酸菜叶，生活在热带地区的缅甸人喜爱这种可以增加食欲的酸味食物，但这个词语在其他民族的语言中没有对应的词汇。

（二）语法与跨文化交际

语法是组织成句的规则，每种语言都有自己的语法系统。每个社会都会使用某种特定的语言，并遵循这种语言的语法规则。语法规则的差异体现了深层文化的差异。

世界语言数千种，根据不同的标准可以分成不同的类型。根据语言起源发展和谱系分类法，可以分为汉藏语系、印欧语系、阿尔泰语系、闪—含语系、乌拉尔语系等十多种；根据构词方式进行分类，可以分为孤立语、屈折语和多式综合语四种类型。不同民族的语言在语法上的系统差异体现了各民族文化起源及随之定型的思维方式的差异及认知方式的差异。

1. 跨文化交际中语法类型的差异

汉语在谱系上属于汉藏语系，在构词方式上属于孤立语，语素绝大部分是单音节的，句子中的词缺少严格意义的形态变化。比如，在“你读完这本书了吗”这个句子中，“你”“读”“完”“这”“本”“书”“了”“吗”每个词由单音节语素构成，在句子中没有任何形态变化，名词“书”没有阴性、阳性的变化，动词“读”没有时态的变化，代词“你”没有格的变化；同时，在这个句子中补语“完”、时态助词“了”、语气助词“吗”则表达着丰富的语法意义，因此大多数学者认为虚词和语序是汉语的主要语法手段。由于缺少形态变化，汉语与印欧语言相比在句法上具有两个特征：词组构造与句子构造一致，词类和句子成分不对应。

西方语言属于印欧语系，在构词方式上属于屈折语，有多种表示各种语法意义的词缀，动词、名词、形容词等常可以加词缀使词形发生变化，表示特定的语法意义。比如英语中有表示名词单复数的 -s，表示动词时态的 -s、-ing 和语态的 -ed 等，这些形态不仅是构词的形式，也是使句子成立的语法手段，因此印欧语系形态变化丰富，词类功能比较单纯。比如“I have told him.”这句话中，I 是主语，形态上是代词的主格形式，told 是谓语，是动词的过去分词形式，him 是宾语，是代词的宾格形式，整个句子的句法成分和词类是对应的。

因此，学者们多认为汉语与印欧语系各语言的差异是形合和意合的对立，汉语重意义、重内容、轻形式，印欧语重形式、轻内容。印欧语以英语为例，英语高度形式化、逻辑化，句子成分必须完备，各种组成部分很少省略，主语更不能省略。而汉语则不注重形式，句法结构不必完备，动词的作用没有英语那么突出，重意合，轻分析，在表示动作和事物关系上几乎全依赖意合。比如“这本书不想看了，太难了”在英语和汉语中所采用的语法手段完全不同，在英语中需要说成“I don’t want reading this book. It is too hard”，这个句子主谓宾句子成分完备，各个词的词形变化与它的句法成分一致；而在汉语中第一个小句主语和谓语的语义关系没有表示被动的形式标志，第二个句子则没有主语。因此，王力先生提出汉语是“人治”的语言，是主观的，印欧语系是“法治”的语言，是客观的。

2. 跨文化交际中的认知与语序差异

不同语言的思维方式差异体现在认知方式上。由于语言具有线性特征，人们说话时只能按照时间的先后依次说出一个一个的音节，因此语言具有时态象似性

（tense iconicity），语言成分的次序与物理世界的次序或人们对事物的认识次序相互平行，表现为时间顺序原则、时间范围原则和时空范围原则。

在没有时间词或时间状语的并列复合句中，时间顺序原则起作用，两个句法单位的相对次序决定于它们所表示的概念领域里的状态的时间顺序，比如“我回家拿钥匙”，事件的顺序和语言成分的次序是一致的，先回家再拿钥匙。这条原则在许多语言里是一致的，比如英语中这句话可以翻译为 I will go back to get keys，语序与汉语一致。

在有时间词或时间状语的句子中，不同语言语序是不一致的，在汉语中起作用的是时间范围原则，即“如果句法单位 X 表示的概念状态在句法单位 Y 所表示的概念状态的时间范围之中，那么语序是 YX”。这条原则要求时距小的成分排在时距大的成分之后，比如“昨天他去北京了”，“他去北京了”这一状态在“昨天”的范围之内，因此主要动词“去”放在时间词之后。而英语则不遵循这条原则，时间词放在主要动词的前后都可以，He went to Beijing yesterday 和 Yesterday he went to Beijing 都对。

在汉语中时间范围原则还可以更普遍地体现在空间上。无论是时间还是空间，大范围成分总是先于小范围成分，比如汉语地址的写法是从大到小，“中国四川省成都市一环路南一段 24 号”，英文则刚好相反，小范围成分应该在大范围成分前，应该写成 No.24 South Section 1，Yihuan Road，Chengdu，China。从时空范围原则来看，汉语由大到小的语序反映了使用这一语言的民族的认知策略，汉语母语者习惯从整体到局部，采用“移动自我”的策略，移动自己而逐渐接近客体，在经历小的局部之前先经历整体；英语从小到大的语序反映了该民族的认知策略，英语母语者习惯从局部到整体，采用“移动客体”的策略，目标客体从包容它的大客体中向认识主体走来，在经历大的整体之前先经历局部。如果与更深层的文化相关联，可以说汉英认知策略的差异体现了汉民族整体性思维方式及群体性取向和西方民族分析性思维方式及个人主义取向。

二、跨文化交际中非语言交际

人类的交际既包括语言交际，也包括非语言交际。语言学研究的主要对象是有声的语言，即语言、语言交际，非语言交际往往被忽略。非语言交际是人类的本能行为，贯穿了人类交际的整个过程，对语言交际起到了重要的辅助作用，是交际过程中不可或缺的部分。除了语言，在日常生活中人类还用非语言的行为来表达自己的情绪、态度、感觉等。借助非语言行为，人们往往能理解和洞悉他人的心理过程，建立印象，获取真实和准确的信息。随着全球化和世界经济一体化，人类的交际日益密切，跨文化交际也日趋频繁，因此非语言交际不仅是非语言行为信息的传达，也包含了多元的文化信息。在跨文化交际中，不同的文化会呈现出多样的非语言交际的表达方式。非语言交际的研究是非常必要且具有现实意义的。

“Nonverbal Communication”，鲁希与基斯（Ruesch & Kees）第一次在自己的专著中这样命名，我们称之为“非言语交际”或“非语言交际”。在人的一生中，从出生到生命的结束，非言语行为都是非常重要的。科学研究发现，语言是在人类进化过程中产生的，语言产生之前，人类的祖先主要通过非语言行为进行交流，非语言交际的产生远早于语言交际。

（一）非语言交际的定义

关于非语言交际，从认识到它在交际中的重要作用开始，近半个多世纪以来，学者们有自己不同的理解。美国的莱杰•布罗斯纳安把人类的交际分为口语、书面语和非语言行为三个部分。因为文化教育的偏见，绝大多数受过教育的人往往认为书面语最重要，口语次之，身势动作名列最后。口语和书面语都属于语言范畴，人们常常将非语言行为排除在语言范畴以外，而他却认为非语言交际的重要性、出现率、所提供的信息量都远远高于语言交际。萨默瓦尔反复强调非语言交际要在一定的语境中进行，除了语言以外，非语言行为可以由人发出并生成，或者是由外部环境自然形成的。萨默瓦尔还进一步指出非语言交际所获取的信息对交际双方（输出者和接受者）都具有潜在的价值。从广义上讲，非语言交际是排除了语言行为以外的交际方式。狭义的非语言交际，是指在一定的语境下，受到多种因素影响，人类有意或者无意地发出的以及借助环境形成的交际方式，对语言交际起着辅助的作用。

（二）非语言交际的研究和发展

从20世纪50年代开始，在西方，非语言交际的研究由浅入深、从单一到多维、从片面到全面。随着对跨文化交际的深入研究，非语言交际已经紧密地与之结合在一起，成为语言交际的重要辅助部分，外语教学的重要组成部分。非语言交际的研究，主要分为以下几个时期。

1. 萌芽期

非语言交际的研究最早可以追溯到19世纪，著名的生物学家达尔文（Darwin）开创性地研究了人类和动物的非语言交际行为，从生物学的角度找到了人类和动物表情、行为的关联性，并发表了《人类和动物的情感表达》，对非语言交际的研究产生了重大的影响。

20世纪初，学者们考察研究的是声音、外貌、表情、衣着等方面，没有形成非语言交际体系的研究。这一时期的代表如克雷奇默（Kretschmer）的《体格和个性》和《人的体格变化》。埃弗龙（Efron）也于1941年出版了《身势和环境》一书，该著作的研究对象主要为体态语。虽然三本著作对非语言交际的研究还比较单一，却对后世产生了深远的影响。

2. 形成期

20世纪中期，非语言交际的研究有了突破性的发展。人们开始意识到非语言交际行为在人类交流中的重要性。伯德惠斯特（R.L.Birdwhistell）于1952年出版的《举止神态学概论》一书标志着人们开始将非语言交际与人际关系结合起来研究。

美国人类学家爱德华·霍尔（Hall）首次将非语言交际与跨文化交际结合起来，这无疑将跨文化交际中的非语言方面的研究向前推进了一大步，他也成为了该领域主要的研究者。他于1959年出版的《无声的语言》成为非语言交际研究的奠基之作。此后，他又相继出版了《隐蔽的尺度》《超越文化》等著作。

鲁希与基斯1956年合著的《非言语交际：对人际关系的直观感觉笔记》是第一部以非语言交际命名的著作。

3. 发展期

20世纪60年代，非语言交际的研究有了较大的发展。埃克曼（Ekman）和弗里森（Friesen）深入研究了非语言行为的成因、应用、编码以及功能。而法斯特（Fast）于1970年所著的《体态与交际》则被认为是对之前的非语言交际研究者成果的总结。莱杰·布罗斯纳安所著的《中国和英语国家非言语交际对比》首次将非语言交际放在中国和英语国家的背景下进行系统全面的对比分析，并提出了自己独到的见解。

20世纪80年代，非语言交际在我国开始引起重视，涌现了一批学者开始研究这一方面的问题，并取得了良好的成果。这一时期的主要代表是胡文仲、毕继万等，他们翻译出版了大量的西方经典著作。由胡文仲主编、毕继万编著的《跨文化非语言交际》，对非语言交际的研究发展状况进行了全面细致的分析和总结，从跨文化交际的角度，比较了中英非语言交际的文化差异，是我国非语言交际研究中的一部代表性著作。

4. 开拓期

近代，随着通信和传播技术的发展，人们的交往空前频繁和密切，跨文化非语言交际开始受到广泛的重视和关注，研究的领域和内容越来越广泛。非语言交际成为跨文化交际学中一个重要的研究部分。跨文化交际学的开拓者拉里·A. 萨默瓦尔（Larry A.Samovar）和理查德·E. 波特（Richard E.Porter）每三年会编辑出版一次在跨文化交际学界享誉盛名的《跨文化交流学论文集》。从1981年起，他们还编写并多次再版了跨文化交际的教科书《跨文化交际》，不断吸收新的科研成果。1995年，我国也成立了跨文化交际研究组织——中国跨文化交际研究会，该学会定期召开学术会议，出版学术论文。此外，除了非语言交际本身的研究，还出现了非语言交际的跨学科研究。非语言交际行为不是单一独立存在的，而是一个复杂的、多维的系统，它与语言学、人类学、社会心理学等都有着千丝万缕的联系。

（三）非语言交际的特点

霍尔在他的著作中提到非语言交际是“无声的语言”。非语言行为有先天形成的，也有后天习得的；可以是有意识而为之，也可以是无意识而形成；既可表达个人情感，也可传达具体信息；既有世界通用的，也有因文化习得不同而有差异的。

1. 隐蔽性

由于教育的影响，在交际时，我们更重视的是口头表达和书面表达，有时会忽略非语言的交际行为。从习得顺序来讲，从我们出生到咿咿学语，非语言行为的习得是早于语言表达的。非语言行为实质上是一种潜意识行为，比如：尴尬时会脸红；生气时会咬牙切齿；紧张时会口吃等。这些行为很难人为加以控制，是自发的、潜在的。非语言动作常伴随着语言发出，而且这些动作往往非常细微，让人难以察觉。大多数从事国际汉语教育的教师都有这样一种感受，不论学生还是教师都很重视书面语和口语的表达，但很少注意到非语言交际在教学过程中的重要作用。如汉语声调是外国学生学习汉语的一大难点，在教学过程中，教师在纠音的同时配合一些手势、身势语，学生发音的正确性会有所提高。

2. 真实性

语言有口语和书面语之分。语言表达时，用辞藻加以修饰和美化，可能很难准确判断字面意义背后的深层含义。中国有句俗话叫“百闻不如一见”，语言描述得再多，再仔细，也不如亲眼一见。这说明非语言交际才能体现出事物的原貌和真实性，语言交际是经过人的思维加工后生成的，在交际时，输出者留给接收者巨大的想象空间。只有面对面地交流，通过观察非语言行为，才能掌握确实的信息。测谎仪器利用机器测试人类的心跳、呼吸速度、体温、瞳孔大小等微表情以及行为动作便可较准确地判断出被测试者是否说谎。

3. 多维性

非语言交际不是孤立存在的，它必须依托于语境。在一定语境中，非语言行为的表义是明确的。但是一旦离开语境，它的表义就会比较笼统，让人无法准确推测出其中原委，从而无法体现交际价值。人们除了运用言语手段在交际时传递所要表达的信息以外，还会调动表情、手势、身势、服饰、时间、场景、语速、语调、颜色、气味、化妆等多种手段来进行辅助沟通。人们有意或者无意地做出一些非语言行为，在不同的环境中可以得到不同的信息反馈。例如，与人会面时着正装，表情严肃，可以判断这是一场商务谈判；休假时，多数人喜欢穿着宽大的 T 恤衫、舒适的运动鞋，神情轻松。首先，非语言交际必须存在于一定的语境之中，才会对语言交际起到辅助作用。其次，非语言行为是不同文化习得的产物，是人类文明发展形成礼俗规范的结果。最后，非语言交际是多学科研究的对象，与语言学、心理学、人类学等都有着密切的联系。

（四）非语言交际的功能

毕继万先生曾提到：“一方面要看到，在交际中，脱离非语言配合的孤立的语言行为往往难以达到有效的交际目的；另一方面也要认识到，非语言行为只能在一定的语境中才能表达明确的含义，而且一种非语言行为只有与语言行为或其他非语言行为配合，才能提供明确的信息。因此脱离语言行为或其他的非语言行为，孤立地理解或研究某一非语言行为的含义常常是难以奏效的。”非语言交际不可能是孤立存在的，必须伴随着言语信息、语境以及信息的接受者所关注的方面而存在。如中医诊断疾病的方法是“望、闻、问、切”，其中的望是非语言行为动作，对病人的神、色、形、态进行有目的的观察，以测知内脏病变，配合语言交际来完成诊疗的过程。非语言交际对语言交际起到辅助的作用，这种辅助作用主要体现在以下几个方面。

1. 重复

言语信息不能完全表达的，可以通过非语言行为的重复来进一步解释说明。如在表示同意时，一边用语言给予肯定，同时一边点头，伴随的是赞同的表情和态度。点头起到的是重复指示作用。在指示方向时，我们会一边用语言描述，一边用手指向那个方向。

2. 否定

言语信息所传达的意思，不一定是真实或者准确的。非语言行为所传达的可能与语言行为所传达的信息完全相反，起到否定的作用。例如，甲笑着对乙说：“我要告诉你一个非常不好的消息。”这个时候乙可以推测出，甲是在开玩笑，甲的表情反映出，实际情况与语言描述相反。

3. 代替

不愿或不便用语言来描述或者表达的，可以通过行为动作来传达，达到“心照不宣”的效果。例如，感动时，一个拥抱足以代表千言万语；交通警察在指挥交通时，使用的手势，就是代替语言来传达指示和指令；潜水时，在水底是无法进行言语交谈的，因此会用一些特定的手势来沟通。

4. 补充

非语言行为可以对语言表达起到修饰和描述的作用。如在拒绝别人的时候，通常除了语言上的拒绝以外，我们会在胸前做双手交叉的动作，或者摇头和摆手；说抱歉时，脸带歉意会更加恳切。

5. 强调

非语言行为还可以加强语言表达时的态度。如在为别人加油的时候，同时会握紧拳头，振臂高声呼喊；也可以用手掌轻拍对方的肩膀，给予鼓励。生气时，配合语言，流露出激动的表情，提高音量，甚至可能会有拍打桌子的动作出现。

6. 调控

非语言行为可以调控交流状况。交谈时，人们用手势、眼神、动作、停顿等暗示自己要讲话，或已经讲完，或不让人打断；向对方点头表示同意并让其继续讲下去；沉默表示给别人讲话的机会；将食指放在嘴边意思是“请安静”。

（五）跨文化非语言交际分类

非语言交际的范围非常广，且部分非语言交际行为是无意识地发出的，因此无法详细地统计和归类出所有的非语言行为动作。因划分的角度不同，产生了很多的分类方法。鲁希和基斯是最早将非语言交际进行分类的，分为手势语、动作语、客体语三大类。纳普（Knapp）的分类方式更加细化，共分为七大类：身势动作和体语动作、身体特征、体触、副语言、近体距离、化妆用品、环境因素。根据非语言行为所表达的含义，可以分成善意、恶意和中性意义。根据人类的感官，也可以划分成可听动作和可见动作。根据非语言交际的基本方式，把非语言交际分成两大类，一类是借助于身体来表达的方式，包括外貌、动作、面部表情、眼神传达、体触和副语言。另一类是与环境相结合而发出的信息，包括空间、时间和沉默等。结合跨文化交际的特点，根据交际中信息传递的主体和呈现的客体两方面，将非语言交际划分为体态语、客体语、环境语、副语言。

1. 体态语

体态语，指的是使用身体动作来进行非言语交际。据不完全统计，人类可以做出的姿势多达 27 万种，比能发出的声音还要多，其包括身势、眼部动作、面部动作、头部动作、手部动作、体触等方面。

（1）身势

身势是人类最基本的生理属性，是身体所呈现出的状态和样子，包括坐姿、站姿、跪姿、蹲姿、卧姿、走、跑等。中国的谚语“坐有坐相，站有站相”就强调了身势的重要性，身体姿势可以反映出一个人的精神状态、社会地位、个人修养、性格特点以及职业情况。步履轻盈展示心情愉悦，身体健康；步履蹒跚，多半是年长者的步伐或者身体抱恙者；脚步沉重则预示着有心事，或者遭遇不幸；严肃拘谨时正襟危坐；自由闲暇时闲散而坐。身势还能反映出文化的深层结构。比如，在日本，鞠躬是人们互相问候的方式，表现了对别人的尊重，也是一种地位的象征。地位低的人先向地位高的人鞠躬，角度通常还要比后者低。一些韩国男性习惯双腿交叉席地而坐，而在土耳其却认为这个动作令人厌恶。美国人崇尚自由，在交谈时，人们喜欢比较舒适的站姿，甚至在课堂上，也有老师双脚离地坐在讲台上与学生交流。传统的中国礼仪认为“站如松、坐如钟”，与人交谈时，无精打采、东倒西歪地站着或坐着是不礼貌的行为。调查发现，部分亚洲国家认为站立时双手交叉、抱臂站立是不礼貌的行为，而欧美国家却不这么认为。姿势具有一定的可控性，可以通过语言的提醒或命令加以改变，可以有自己习惯的先天姿势，也可以是后天学习形成的。

（2）眼部动作

透过眼部的动作、眼神的转换、目光的接触，交际双方很快就能达到信息的传递和交换。恋人之间含情脉脉的眼神，传达出爱情；父母对孩子温情的眼神，传达出亲情；犀利的眼神，让人敬畏和害怕；柔和的眼神，让人感到温暖和亲切；目光呆滞，则能反映出一个人的疲惫，精神状态不佳，或者智力不足；目光灵活，则能反映一个人灵活、机智、充满活力。眼珠向不同方向转动，也可表示不同的含义，如向上看可表示傲慢、目中无人，也可能是在思考；斜眼则可表示蔑视、轻视。中国人为了表示礼貌，不会长时间直视对方，当和对方有目光接触时，会立刻回避。这体现了中国文化的含蓄和内敛的特质。而在一些欧美国家，较短的目光接触，会被认为是不尊重或者轻视。大多数中国人常常喜欢围观，而一些英语国家的人非常反感，认为这是一种没有礼貌的表现。

（3）面部动作

比起身体的其他部位，面部的动作应该是最为丰富的。以笑为例，有微笑、大笑、嘲笑、奸笑、冷笑、讥笑、皮笑肉不笑、笑中带泪等。通过面部表情，人类可以表现出态度和感情。普遍认为，人类的面部表情大部分都是先天形成的，后天影响或习得的只是一小部分。人们的喜怒哀乐可以从面部表情直观传达，因生理原因所表现出的面部特征，是人类所共有的，具有不可控性，但客观真实。如身体虚弱时面色苍白，嘴唇发紫；身体健康时，有良好的精神面貌，容光焕发等。随着情绪的起伏，通过五官的变化和配合表现出悲伤、愤怒、喜悦、恐惧、惊讶、喜欢、厌恶等。当然，因为面部动作变化莫测，难以辨认其具体含义，所以面部动作的表达也存在一定的模糊性。这源于不同的人对待事物的反馈不同，因而表现的程度也不同。在不同文化中，这一点尤为明显。大部分亚洲国家的人常常控制自己的情绪表达，会用比较委婉的方式来表达自己的态度，压抑自己的情绪，尽量避免将不满的情绪写在脸上。然而大部分欧美国家的人表达却要直接得多，他们不太习惯中国人太过委婉的表达方式，所以有的人会比较直接地表现自己对于事物的态度。

（4）头部动作

配合眼部动作和面部动作，头部也会随之做出相应的反应。单一的头部动作表达的含义是模糊的或者并不包含任何实际意义。表示轻蔑、高傲的态度时，斜眼的同时头向斜上方抬起。点头时表示赞同，面带微笑、眼神真挚有力；如果点头的同时，带有轻蔑的、不屑的神情、冷笑或是苦笑，多是否定或不满。一些英语国家的人打招呼时，将下巴扬起，微笑并点头。近年来，受到西方文化的影响，中国人也会做出此类动作，但是常常是在熟识的人，或者同辈之间，如果对长辈也采用这样的打招呼方式，会显得不够礼貌。除此以外，头部动作还可以用于指示方向。在中国，点头有同意、允许、命令、承认、认可、感谢等意思。当和别人交谈时，要不时点头表示你正在认真倾听。摇头可表示否定、抵制、拒绝、禁止等，当然也有自相矛盾的时候，比如在表达高兴和赞许时，会激动得一边摇头，一边说："我简直无法相信这是真的！""我在做梦吗。"在少数国家摇头也表示肯定，头部微向前伸表示对事情很有兴趣、愿意倾听，而头向后仰则表示漠不关心、没有兴趣、无关紧要。

（5）手部动作

人类用双手创造了世界，改造了自然界，运用手部动作来进行交流，成为非语言交际中最细腻也最核心的表达方式。和面部动作相比，手部动作的表达更准确。面部动作适用于近距离交际，因此有一定的局限性，而手部动作，在较远的距离仍然可以识别。在日常生活中，手部动作发挥了不可替代的作用。在一些体育比赛中，相互配合的队友在赛场上通过手势来进行交流。交通警察用手势和动作指挥交通。手部动作千变万化，难以全部收集和整理。南美洲人交流时手势较多，而大部分亚洲人认为说话时指手画脚是缺乏教养的行为。当然，因为性别不同，手势也会有所差异。比如，女人的手势比男人少，并且幅度要小一些。在一些国家，食指和中指呈"V"状，手心向外，意思是胜利，成功；大拇指和食指相扣呈圆形，竖起其余三根手指，意为"OK"，表达同意和赞许。在大多数国家，举起大拇指意味着"了不起""真棒"，然而在伊拉克，举起大拇指却有侮辱和讽刺的意味。手势动作还可以用于计数，中国人从右手拇指开始，一一弯曲手指计数，而有的英语国家的人是将一根根的手指掰开。此外，手势还可以用于方向、位置的指引，物体的描述等。

（6）体触

体触是在交际中身体的接触，握手、拥抱等都是体触的主要表现。这是最直接、最近距离的交际方式。体触的交际方式感受最直观，在交际中，感觉消失最慢，是非语言交际中的首要体现手段。然而在这一点上，中国和英语国家的差异性较大，往往会出现非语言交际的误解和障碍。中国人体触频繁，多近距离的交流，而英语国家的人体触较少。

由于文化历史因素，莱杰·布罗斯纳安认为中国属于聚拢型文化，英语国家属于离散型文化。这源于中国的宗族繁衍多是群居的家庭模式，而英语国家的人多属异族混居。在日常生活中，中国的女性之间喜欢挽着手逛街或走路，而英语国家的女性则较少这样。中国和英语国家，男性之间若过多体触行为，都会让人瞠目结舌。在正式的场合，受西方文化影响，中国人会面用握手取代了传统的屈膝礼和鞠躬等礼节。

2. 副语言

与语言表达不同，副语言注重语言表达的方式，而非语言表达的内容。它是伴随着有声语言的那些没有语义的声音，也包括沉默，还可通过控制或变化音高、音量、音强、音色、音质、语速、语调、停顿等起到对语言的伴随作用。副语言主要体现在停顿沉默、声音修饰、话轮转换、非语言声音等方面。

（1）停顿沉默

在交际中，不做出有声的反馈，而是通过停顿或者沉默表达意见和看法，所谓“此时无声胜有声”。在中国人的交谈中，沉默可以表达非常丰富的含义。伴随着语言，停顿或沉默既可以表示同意，也可以是无声的反抗；既可以表示默认，也可以是保留自己的看法；既可以表示顺从，也可以表示坚持自己的立场。适当地停顿或沉默会产生比语言更明确清晰的表达效果，更强有力地表明自己的立场和态度。沉默这一交际方式，在中国包括东亚其他国家（日本、韩国等）较为常见。受到儒家文化的影响，人们会比较委婉地表达自己的观点或者态度，不会言辞激烈地拒绝或者批评别人，常常用沉默来代替。而英语国家的人，虽然赞同“沉默是金”，却非常不习惯这种交际方式。成人之间的交流，如果听清楚问题，就应该有所反馈，如果对方以沉默来代替，他们会觉得不受尊重。因此，霍尔根据这一差异，划分出了“高语境文化”（high-context cultures）和“低语境文化”（low-context cultures），前者也可以叫做“依赖语境的文化”，后者也可以称为“不重视语境的文化”。

（2）声音修饰

同样一句话，如果采用不同的语调、音强、音速、音长，即使是同一个人说出来也会有不同的含义，有不同的表达效果。声音的修饰作用也正是体现在此。演讲时，抑扬顿挫的语调会吸引听众的注意，而平铺直叙的语调，会让人感到疲倦。声音的强弱可以体现一个人的性格，自信的人声音洪亮而有力，胆小的人会低声细语；情绪激动时，语速加快，音调升高；平静时则是娓娓道来，不疾不徐。声音的修饰还可以直观地反映出一个人的健康状况，健康者中气十足、沉着有力；体弱者则会软弱无力，底气不足。由于身份的不同，说话的语调也会有所不同。如果语言没有声音的修饰，将会是苍白无力的。当然，也应注意在不同的场合使用不同的声音修饰，避免引起他人的反感。

（3）话轮转换

话轮转换通常出现在话轮结束、话轮维持、话轮请求、话轮返回时，而且通常都是有声的反馈方式。交际是一个双向互动的过程，为保证交际顺利进行，根据合作性原则，一方在表达自己的意见看法时，另一方要做出适当的反馈。话轮转换的特点在于说话者和听话者在交际过程中角色不断转换，却很少出现重叠或者冷场。比如，在听别人说话时，听话者会不时地根据情况发出“嗯”“是的”，以示你在认真地倾听。当讲话方要结束自己的发言时，会变化声调、拖长音、放慢语速等，或者给听话者一个目光的接触和暗示，示意讲话结束，听话人可以发言了。如果听话者此时不想发言，希望讲话方继续说下去，则会以一个目光接触反馈，或者用沉默代替。在会话过程中，礼貌性原则有时会被忽略。听话者不想继续听下去，想打断讲话者或者插话时，会发出一些提示声音。当讲话方希望继续讲下去，不希望被人打断时，则会加快语速，变化音量，还会使用一些字词来填补发言时的间隙。在跨文化交际中，应避免长时间独占话轮，以及随意打断他人的发言，对他人的发言不做出回应等；应遵循合作性原则、礼貌性原则以及经济性原则，在别人讲话时，认真倾听，给出恰当的反馈。

（4）非语言声音

非语言声音是指没有具体含义，却可以传递信息，以达到交际目的的那些声音，也可称为功能性发声。发音器官可以发出声音，如感应叫声，在感觉到疼痛的时候，会发出的呻吟声“哎哟”；感觉寒冷时，一边跺脚、搓手，并发出“sisi”声；开心的时候，会发出“waw”的欢呼声；失望时，会发出“唉”的叹息声。除此以外，还可以模仿自然界的各种声音，比如狗叫声、猫叫声、鸡叫声、爆炸声、小河淌水的声音等都有相应的拟声词对应。人体内还可以发出各种声音，如咳嗽、清嗓子、打喷嚏等，在交际中，应适当地加以控制，避免在交际中出现冲突。

3. 客体语

客体语即非语言交际中，信息的传递者（客体）与讲话者（主体）之间没有直接关系，信息是由主体根据客体的具体表现，运用生活和文化常识推理和联想来获取的。如果说副语言主要靠听觉来完成交际，达成信息的传递的话，那么客体语需要通过视觉和嗅觉来解码信息。客体语是借助个人所拥有的物品，有意或无意地展示了交际者的生活习惯、个人品位、性格特征、社会地位、职业特点和文化内涵等。第一印象非常重要，在还没有进行语言交流前，首先观察的便是体貌、着装、发型、妆容、装饰品等方面。不同的外表会给人留下不同的印象，预先为语言交际做出判断，提供参考。

（1）肤色与体貌特征

不同种族的人有不同的肤色、不同的体貌特征，这造就了最自然的人与人之间的亲疏关系。当然，同一种族之间肤色和体貌也存在差异。对于男性，可以从强健的体魄、黝黑的皮肤推测出一个人热爱运动，身体健康，性格热情而主动；从身体瘦弱、皮肤偏白可以判断这个人不喜欢到户外与人接触，性格可能比较内向，胆子较小。对于女性来说，大多数欧美国家的人认为女性身材丰腴、长相标致是美丽的标准，而亚洲国家的普遍审美标准是身材匀称、唇红齿白、皮肤白皙。烈日炎炎时，在一些亚洲国家的街头，常常会看到一些人打着遮阳伞、带着遮阳帽，做好各种防晒的措施，目的就是为了保持肌肤白净。而大部分欧美国家的女性则更愿意享受日光浴，认为小麦色的皮肤才是健康的，皮肤白与不白不会作为评判美丑的标准。

（2）服饰

纵观人类发展的历史，不难发现服饰也在随之变化。服饰一开始用来御寒遮体，大大提高了人类的生存质量。逐渐地人类运用服饰来修饰美化自己，通过服饰来展示一个人的社会地位、等级、职业、个人修养和喜好等。根据不同时期、不同民族的服饰更可以推断出当时的社会生活、政治、经济情况，反映出不同时期、不同民族的主流文化。因此，服饰成为了非语言交际中一种重要的形式。服饰所体现的文化差异和交际信息也成为跨文化交际中关注的焦点。中国古代，只有皇帝可以穿龙袍，一般百姓穿布衣。历朝历代，文武百官根据品级的不同，会穿着不同的服饰。鲁迅笔下的孔乙己穷困潦倒，宁可成为“站着喝酒而穿长衫的唯一的人”，也不愿脱下长衫成为短衣帮，他固守的就是长衫下读书人的身份。国际公认的着装应遵循“TOP”原则，T（time）：时间，顺应不同的季节、天气、时间着不同的服装；O（object）：对象和目标，根据不同的对象和目标，着不同的服装；P（place）：地点，服装应符合不同场地、地区、场合的要求。服饰着装应根据场合而定，显得大方得体。在办公室、教室、休闲场所、宴会厅、家里应根据具体情况选择适当的服饰。在中国，有的人喜欢穿着睡衣上街，这一点在西方人眼中觉得不可理解，且缺乏礼貌。在登山或户外运动时，有的女性却穿着高跟鞋和短裙，显得不合时宜。除此以外，根据自己的身份地位、职业特点，也应选择合适的服装。在韩国和日本，人们在职场上普遍选择着正装，男性是西装，女性是西式裙装或者裤装。教师在课堂上不可着牛仔裤或者过于暴露的服装。着装时，也要注意搭配的规范和原则，以免穿戴不当给别人留下不好的印象。与此同时，饰品的穿戴也值得注意。英语国家的已婚夫妇，都会在左手的无名指上戴上戒指以显示自己的婚姻状况。而在中国，大多数男性婚后没有佩戴婚戒的习惯。近年来，受到西方文化的影响，有些年轻夫妇也开始佩戴婚戒。

（3）妆容和发型

在非语言交际中，妆容和发型也会起到一定的指示作用。化妆多是就女性而言，在大多数国家，女性在正式的场合一般化淡妆，显示了对会议或活动的重视和对别人的尊重；在舞台或者娱乐场所，一般会化浓妆或者比较华丽的妆容。在中国古代，成年男子会束发，而女子嫁为人妇也会挽起发髻；在现代，女孩子出嫁当天也会盘起长发。在西式的婚礼中，新娘常常长发披肩，中国的长辈往往不能接受，在英语国家却没有这一规定。发型不同会给人展示不同的精神面貌。对女性而言，短发给人精明干练的感觉；清汤挂面式的直发则让人感觉温柔淑女；长卷发会有成熟妩媚之感。就男性而言，多为短发，少数蓄起长发的男性，给人感觉个性张扬、叛逆。

（4）身体气味

身体气味是人体散发出来的各种味道。因为饮食习惯、饮用水源、生活习惯、种族、性别、个人卫生情况以及外部环境等都可以影响人体的气味。在交际中，嗅觉可以传递这些信息，通过嗅觉还可以推测出种族中的家庭习惯、文化习惯。如有些以放牧为生的族群，以牛羊肉和奶制品为主食，身体便会散发出牛羊的味道；喜食素食和稻米、小麦的族群，彼此之间不会明显感受到身上的体味，而对其他种族或国家的人身上的味道却非常敏感。在跨文化交际中，应注意自身异味的清除，比如口气、汗味、胃肠气等，应及时做好个人卫生管理，养成良好的卫生习惯，正确对待并尊重别国文化和身体气味。

4. 环境语

环境语包括时间、空间、颜色、建筑设计与装饰等。它与我们所处的地理和自然环境有关。在非语言交际中，环境语是人为创设的生理和心理环境，它与客体语一样，都是一种客体呈现的信息。与客体语不同，客体语借助的是个人所有的东西和物品来传达信息，而环境语往往与个人的联系不那么紧密。

（1）空间语言

空间观念也是后天习得的结果，不同文化的人都有自己所习惯的交际距离。霍尔认为“空间会说话”（space speaks），在《无声的语言》中霍尔用了很长的篇幅来描述生物怎样利用空间，以及空间在非语言交际方面提供的重要辅助作用。从人际距离可以知晓交际双方关系的亲疏，显示出社会地位。朋友、恋人之间交谈的距离与陌生人见面时的距离是不一样的，与上级交谈和与同级之间交谈的距离和位置也不同。如剧院设有贵宾席，机场会隔离出VIP通道；观看明星的演唱会，距离的远近不同票价也会有天壤之别。房地产业销售的正是用钢筋混凝土区隔出的不同空间。空间环境还可以影响人的情绪以及人与人之间的交际，从而改变交际的效果。中国春运时在车站的拥挤与家人团圆围坐在一起的感觉是截然不同的。空间的公开和私密也会给人的心理造成不同的影响。在公共环境中，人们通常会修饰自己的言行，避免出糗，显得谨慎小心。而在私密的环境中，会让人觉得较有安全感，可以自由自在。但即使是居住在同一屋檐下的一家人，彼此也需要有隐私空间。

每一种生物体同外界环境之间的关系，除了生物自身的肉体界限外，还存在着一种非肉体的界限，这种非肉体的界限是生物体自身肉体界限的扩展，是客观存在的且大小难以界定。人们将生物体的肉体和非肉体界限称之为“有机体的领地”。领地性就是生物体要求拥有自己的领地，并且对该领地范围加以捍卫和维护的行为。大至领土，小到个人空间都属于领地的范围。只是领土是有形的，而个人空间可以是有形的也可以是无形的。相信许多人都有过这样的经历，当乘坐公交车到某个地方时，车上的每个人和座位之间会迅速确立领地关系，每个人会默认某个位置是他的领地范围。公交车在途中临时需要加油，司机请所有人下车，等公交车恢复正常，所有人再次上车时，大部分人会坐到刚开始的座位上，但有少部分人可能会坐到另外的座位上，此时这部分人心中会有点惴惴不安，因为在他们的潜意识中会认为他们侵犯了别人的领地；而当座位的原始“主人”上车后，也会有一点点的不满，这也是因为在他们的潜意识中认为被人侵犯了领地。在电梯中，默认自己所站的那一块空间就是属于自己的领地，即使电梯再拥挤，我们都会避免同他人产生碰触，碰触会侵犯他人的领地。当要走出拥挤的电梯，不得不与他人发生碰触时，会礼貌地说：“不好意思，请让一下”来征得“主人”的同意；当电梯已经很拥挤而有人还想上电梯时，在电梯中的人为了捍卫自身的领地，常常会对电梯外的人说，“装不下了，等下一趟吧。”

中国幅员辽阔，人口众多，而英语国家大多地广人稀。地理环境和文化的差异使得英语国家的人更强调个人主义，而中国人强调集体主义。个人主义所需要的个人空间比集体主义大，而且当自己的空间受到侵犯时，常采取更积极主动的立场，因而他们也更注重保护隐私。

座位安排的方式往往有不同的含义。离主人或主桌的远近，决定了地位的高低。中国人比较喜欢用圆形或正方形的餐桌，这样大家可以离得更近一些。面向门的位置就座的一般是主人，座位安排以右为尊，如果紧邻主人的右手边，无声的空间语言就暗示着你是主人重要的客人。而西方人更习惯用长条形的餐桌，他们普遍采用分餐制。美国人更习惯同坐在对面的人谈话，而不是同坐在旁边或站在旁边的人谈话。

在面对面的交流中，空间的变化赋予了更多隐藏的信息。交谈双方的距离远近可以反映出交流内容的隐秘程度和重要性。当两个人之间的距离非常近，细声耳语时，交流的内容可能是个人隐私或不便公开的内容；当两个人之间的距离适中时，交流的内容可能是个人事务、工作汇报等；当交流的距离较远或者在对一群人说话，且音量比较高时，一定是在发表演说，内容在一定范围内是公开的，可传播的。

（2）时间语言

时间是人类文明的产物，在非语言交际中，人们所研究和关注的不是时间本身，而是受到不同文化影响，人们对于单位时间的长和短、快和慢、守时与不守时等的理解和态度，或者说是时间观念。比如，有些国家的人认为在做事情之前，应该安排并计划好，然后再实施；而有些国家的人认为，事情应该顺其自然，计划不如变化快。时间和空间是相互作用、密不可分的，任何人都不可能摆脱时间和空间而生存，万事万物都要在时空中发展。霍尔在《无声的语言》中用大量篇幅讲述了时间在非语言交际中起到的重要作用，他认为时间不仅可以反映出许多真实的信息，甚至比有声的语言更加具有说服力。与文化有关的时间主要有以下两类。

① 正式时间。

人类划分出不同的时间单位。时间本身就是人类对于宇宙和自然界变迁的感知而得出的结论，是人类文化的一部分，其中还包含了人类的宗教观和哲学观。因文化影响，人们对于时间有不同的认识。国际上通用的纪年法在中国叫做公历；几千年的农耕文明，祖先们通过对自然界的观察和领悟，如月亮的阴晴圆缺、庄稼的生长季节、日月更替等，制定了农历；在民间人们还会使用黄历来指示吉凶，为交际、出行提供参考。中国人除了庆祝世界通用的新年以外，还会庆祝农历新年，而且更加隆重，中国人赋予了这一天“团圆”“热闹”等含义。在其他国家，人们在一些特定的节日，也会与家人团聚。

② 非正式时间。

相对于正式时间，非正式时间的划分显得模糊不清。比如一会儿，究竟是三五分钟，还是三五十分钟，得根据具体情况和语境而定。霍尔将人对于非正式时间的观念分为两种类型，一类为“一元时间”，另一类为“多元时间”。遵循一元时间的人习惯于计划，事情呈单线条发展，一次只做一件事，重视效率和隐私，不会轻易打乱计划；习惯于多元时间的人的特点是没有严格的计划性，一段时间可以做好几件事，认为时间是有弹性的，富有人情味。一元时间模式的人认为多元时间模式的人不太讲究办事效率，人际关系过于复杂；而多元时间模式的人认为一元时间模式的人做事过于死板，不够变通。

（3）颜色

在非语言交际中，颜色在很大程度上会影响交际的心理。近些年来，人们越来越重视颜色给人心理所造成的影响，色彩心理学也应运而生。色彩心理通过视觉，延伸到知觉、感情、记忆、思想等，让人产生不同的情绪，从而给颜色附加了象征性。颜色在视觉上，让人感受到冷暖和轻重，同时对情绪也起到调节作用。鲜艳的红色和黄色，让人感到温暖；灰色和蓝色则给人的感觉较冷。医院病房的墙面通常是绿色或者米白，这些颜色让人平静；幼儿园的墙面总是五颜六色的，让人感受到活泼和快乐。从对色彩的经验积累会逐渐演变成对色彩的心理规范。黑色象征权威、高雅和低调，也意味着冷漠、防御、距离感，人们在正式场合，严肃庄重的情况下会穿上黑色的衣服。白色让人感觉快乐而明亮，在西方象征纯洁、高雅，因而西方的新娘结婚时都穿着白色的婚纱。中国人觉得红色让人感到喜庆和幸福，还有辟邪的作用。有喜事的时候，人们穿上红色的衣服，用红色的物品来装饰环境。商家通过产品与消费者产生无声的交流，同样种类的商品，消费者在不熟悉的情况下，究竟会选择哪一种，取决于商品的外包装是否能和消费者之间产生共鸣。夏天的商品多采用绿色和蓝色，让人感觉清凉；而冬季的商品则采用暖色，让人感到温暖。

（4）建筑设计与装饰

中国人的建筑非常讲究朝向，房屋最好是坐北朝南，这样才能吸收更多的光线和热量。光线和热能充足才能让人精神饱满，充满活力。长期生活在阴暗的空间里，人的心情会变得抑郁和忧伤，性格难免会变得孤僻，缺少活力。中国大到皇宫、寺庙，小到民居，都遵从这一原则。中国的建筑以北为尊，主要的建筑和主人房间都建在北面。除此之外，无论是建筑本身还是建筑布局都讲究对称，中国人觉得和谐才能让人赏心悦目。这一点，英语国家的人是不太在意的，因而他们的建筑造型各异，传达出不同的风格。在建筑装饰中，家具的摆放位置，在中国人眼中也非常重要，经商的人会在进门显眼的位置摆放招财猫，寓意招财进宝。

（六）跨文化非语言交际中的文化冲突

非语言交际需要建立在文化基础之上，不同文化背景的人交往，不仅涉及语言，而且不可避免地会涉及其他方面。语言和非语言行为之间相互依存，密不可分。人们在交谈时，如果面无表情、语气平平地用语言表达，和机器人没什么两样。当今时代，不同文化背景的人接触日益频繁，跨文化交际开始越来越受到重视。在跨文化交际中，人们常常更注重语言表达，字斟句酌，希望避免发生任何语法错误。但即使已经非常熟练地掌握了一门外语，如果忽视非语言行为的重要性，也很难融入其他文化中，还可能造成误解和冲突。在跨文化交际中，非语言交际发挥的重要作用甚至超过语言交际，在发生交际障碍时，非语言动作可以暂时代替语言，维持交际活动，使交际可以继续开展。科技和通信技术的快速发展，让人们的生活方式发生了翻天覆地的变化。从传统的信件、BP 机、电话、电视再到网络技术的发展；从纯文字语言信息的传递，到声音语言的传输、过渡再到视频图像技术的广泛使用，人类的生活从平面走向立体，从无声到有声，从狭小走向更加广阔的空间。正是人们意识到语言文字交流的不便与局限性，才会不断追求更加先进快捷的交际方式，建立更加高效的交际渠道，配合声音和动作的交际才会更加真实和形象。从某种程度上来说，从对语言交际的关注，延伸到语言交际与其他交际方式的结合，这其中最重要的部分就是非语言交际系统。生活在“地球村”的人类在跨文化非语言交际中，了解交际对象的非语言交际习惯和方式，捕捉相关信息，可以及时调整交际活动，避免文化冲突和摩擦。

（1）普遍性

非语言交际行为具有普遍性，是人类所共有的动作行为。在跨文化交际中，虽然国家、种族之间有差异，但是任何人都无法回避非语言行为的表达。人有七情六欲，都有恐惧、兴奋、气愤、惊讶、厌恶和悲哀等基本的感情。如卓别林的

《摩登时代》等一系列经典无声电影，在全世界观众中引起了强烈的反响。哑剧作为一种艺术表演形式，不但美国观众能理解，中国观众也能会心一笑。通过画面背景和时代背景人们更能理解电影所传达的讽刺意味。哑剧的语言即是非语言行为，这种非语言是世界化的，可以让所有人都能了解演员要诉说的故事。“我爱你”这三个字若是用外语说，并不见得每一个人都懂，但是用眼神再加上一些肢体语言的传达，就一目了然了。你刚到一个陌生的国度，也许不能熟练运用那个地方的语言，但是却可以和当地人进行简单的沟通。这是因为人类的基本非语言行为成为了一种“世界语言”，使跨文化交际变得简单了。

（2）模糊性

非语言交际的意义是模糊的。在跨文化交际中，永远也无法确保他人是否能够准确理解自己的非语言行为所表达的含义。一个动作行为在不同的语境下、环境中，可能表示多种含义，在不同的国家、不同的文化中，解读也可能千差万别。非语言交流不仅仅是文化的产物。由于个体差异的存在，常常也有例外的情况。全世界的人们都有同样的基本感情，但是在涉及什么事情会引起某一情感，人们在什么地方、以什么方式表达感情，以及如何界定情感等方面，都因文化而异。同时，非语言行为通常是无意识发出的，因此发出的非语言行为往往有模糊不清的特征。比如，随意的一个动作，脸红低下头，这是一种很常见的现象，可能表示一个人害羞、紧张，也可能是因为做了错事，内疚自责。举起胳膊左右挥舞，通常会被理解为你在打招呼或者示意。然而，就非语言动作而言，人们不会清楚地了解别人怎么理解或者解读。过于激动或感动时流下了泪水，不清楚状况的人会以为是伤心难过或是受了委屈。因此，非语言交际应该是存在于一定的语境中，才能准确地得出它的含义，脱离于语境以外的非语言行为具有模糊的特点。

（3）复杂性

人类在漫长的演化过程中，创造了属于自己的文明。民族和种族的区分，除了外貌体格等生理特征外，还有在此基础之上所建立的与众不同的民族文化。文化的传承和影响，使得一部分人具有共同的民族文化习惯和非语言行为的表达模式。所以许多非语言行为都是文化潜移默化影响的结果。一种文化当中高雅善意的行为习惯也许在另一种文化中就是低俗恶意的体现。除了文化背景以外，非语言行为的表达方式还会受到多方面的影响，如社会背景、教育水平、性别、年龄、个人经历以及性格特质等。非语言行为是由人来发出的，人是千千万万的个体，不同的个体会有自己的行为特点、习惯动作、表达方式。非语言行为的表达在一定范围内具有共性，然而因为自身的特点，所习得的情况不同，不同的个体会有很大的差异性。加之非语言行为不是一成不变的，它是动态的、不断变化的，因而非语言交际是复杂、多变的。

第二章　商务英语概述

英语是国际通用语言之一，商务活动又是全球最活跃的交际活动，于是商务英语就成为除日常交际英语以外使用最广泛的英语变体之一，同时也成为非英语国家英语教学的一大热点。本章就对当代商务英语的内涵、特点、课程特征、现状与发展以及商务英语学科体系构建等方面进行简要阐述，为后面各章节的开展做铺垫。

第一节　商务英语的定义

国际商务英语（International Business English）属于专门用途英语（English for special Purposes，ESP）的范畴。哈钦森（Hutchinson）和沃特斯（Waters）认为，“专门用途英语不是一种‘特殊种类’的英语。”虽然专门用途英语有其特殊的语言特性，但并不存在某种特殊的语言种类。换言之，不应该认为专门用途英语是有别于普通英语的特种语言，因为两者之间的共性大于特殊性。乔丹（Jordan）把专门用途英语分为两类：以学术为目的的英语（English forAcademic Purposes），指用以完成学业或进行学术研究、交流所使用的英语，其学术性较强；以职业为目的的英语（English for Occupational Purposes），指从事某一行业工作所使用的英语，实用性、专业性较强。Hutchinson 和 Water 认为，商务英语属于专门用途英语的一个分支，一种变体。商务英语的全称应是 English for Business and Economics（EBE）。在美国，商务英语指的是“商务沟通之用语也”。

第二节　商务英语的语言特点

商务英语作为语言，它是一种交际工具，是传递知识信息的载体。它所传递的知识信息有突出的反映国际商务学科领域的特征，所以它与普通英语相比有其自身独特的语言特征。因此在对商务英语概念有了一定了解之后，要继续研究商务英语的语言特征。从国内外英语学者对商务英语定义的各种评说中，可以明确的是商务英语的核心是英语，它以商务活动为背景，因而其语言是写实的，两者在基本词汇、句型、语法的运用上具有共性，但由于商务英语传达的商务理论和实务等信息的特殊性，在专业词汇、句式特点、篇章结构及表达方式等方面，商务英语有其独特性。

一、用词正式、严谨、准确

商务英语可谓字字千金，必须准确清楚地表达所要传递的信息，谨慎使用夸张、比喻等手法，尽量避免使用模棱两可的词语，以免产生不必要的争议。除广告语体外，商务英语在用词方面大量使用书面语，用词正式，力求准确无误。一般用词义相对单一的词来替代词义灵活丰富的词，以使文体正式、严谨、庄重。比方说，普通英语中的词汇 tax，be familiar with，buy，include 对应在商务英语中则用 tariff，acquaint，purchase，constitute。

例 1：When the validity expires，you need to make a new application for the registration.

译文：有效期结束后，需要申请重新注册。

例 2： In case one party desires to sell or assign all of or part of its investment subscribed，the other party shall have the preemptive right.

译文：如一方想出手或者转让其投资之全部或部分，另一方有优先购买权。（assign 较 transfer 正式）

例 3： Unless specified otherwise in the contract，the insurer may also terminate the contract.

译文：除合同约定不得终止合同的以外，保险人也可以终止合同。

例 4：To acquaint you with our purchase terms，we are enclosing a specimen of our contract for your reference.

译文：为使你方熟悉我方交易条款，兹随函寄上合同格式一份以供参考。

解析："acquaint"是正式用语，词义单一稳定，意为"make sb. familiar with sth."，而"familiar"词义较为丰富，可以表达多种含意，常见的有"熟悉的、常见的、听惯的、亲近的、随便的"等意思，在正式交往中，容易产生异议，采用词义单一的词语"acquaint"，可以有效避免歧义，使句意表达明确、正式、严谨，文体更庄重。

商务英语中常用的正式用词还有 assign（转让），construe（解释），convene（召集），interim（临时），partake（参加），repatriate（遣返），effect（实现），grant（提供；让渡财产），levy（征收；征税），initiate（创始；发起），substantial（相当大的；重要的），terminate（结束；终止），utilize（利用）等。再举几例：

例 5：Under the new regime，which could levy a tax rate as low as 20%，it will become legitimate to maintain an offshore account and pay the lower Swiss tax rate.

译文：在新的税收制度下，英国政府将征税税率调低至 20%，并且将英国纳税人继续持有外国账户且按较低的瑞士税率缴付视为合法。

例 6：A request for interim measures addressed by any party to a judicial authority shall not be deemed incompatible with the agreement to arbitrate，or as a waiver of that agreement.

译文：任何一方当事人向司法机构提出临时措施的请求并不能视为对仲裁协议的违反或放弃。

二、常用缩略词、外来词、古体词

英国语言学家 Leech 在英语词义的分类学说中指出，专业词语、古体词及外来词都属于具有正式用语风格的词汇，符合商务英语语体行文准确、简洁的要求。

（1）缩略词的使用

缩略词是国际商务英语词汇的重要组成部分，它是随着语言使用的便利化而出现的。使用缩略词能够避免出现长而繁的语言现象。随着社会和科技的迅猛发展，到了21世纪，人们所做的一切都非常讲究工作效率。从商者都讲究效率，而要提高工作效率首先就是要有时间观念。“时间就是金钱/效率”的观点永远不会过时。正因为如此，商务英语中出现许多缩略语就不足为奇了。缩略词的特点是能用较少的语言表达丰富复杂的内容，言简意赅、信息量大、使用方便。在商务交际中使用这些缩略语通常是带有行业特征的。例如：

YR TLX 28 TH RCVD（28日来电收悉）；

VC（Venture Capital 风险投资）；

Reps（sales representatives 销售代表）；

Ads 广告；B/L（bill of lading 提单）；

blue chip 蓝筹股，绩优股；

bad debt 呆账；

NYSE（New York Security Exchange 纽约证券交易所）；

BR（bank rate 银行贴现率）；

wt（weight 重量）；

L/C 信用证；

M/T（mail transfer 信汇）；

D/P（documents against payment 付款交单）；

C.O.D.（cash on delivery 货到付现）；

C.I.F.（cost，insurance and freight 到岸价）；

F.O.B. 或 fob（free on board 离岸价）；

D/A（Documents Against Acceptance 承兑交单）

……

由于常用缩略语在外贸函电中出现的频率很高，熟练掌握这些缩略语有利于更好地进行商务活动。

（2）外来词的使用

商务合同英语中使用的商务类专业术语有不少源于拉丁语、法语、希腊语等的书面词或由合成构成的词语，或是习惯上使用的所谓“商业用词”，它们的意义比较稳定，利于精确地表达概念。外来词的使用使商贸英语文本更加正式、庄重和严肃，如来自法语的force majeure（不可抗力）；拉丁语的ad valorem（从价税）等。有些则是由其词根派生或合成的，许多术语都有相同的前缀或后缀，它们的意义比较稳定，利于精确地表达概念。

例 7：The tariff may be collected on an ad valorem basis，where it is a percentage of the value of the import.

译文：从价关税是依照进出口货物价格的一定百分比为标准征收关税。

例 8：So far few，if any，workers have been laid off as oil companies have，with a few exceptions including Anadarko，have not invoked force majeure clauses that allow them cancel rig contracts.

译文：目前甚少工人遭到解雇，除了美国的阿纳达科等少数公司外，多数石油公司还没有行使不可抗力条款以取消油井开采合同。

（3）古体词的使用

国际商务英语会涉及商务函电、经贸合同和各种协议，由于这些文本对双方都具有法律效力，为体现法律的权威性和严密性，用词特点是正式、规范和严谨。经常使用一些在其他英语语体中很少或不再使用的古体词，能够体现商务英语语体行文准确、简洁和正式、规范、严谨的要求。

例 9：LICENSEE shall not acquire any rights in any copyrights or other rights in the Property，or the Product，except for the license expressly granted herein.

译文：被许可人不能获得任何权利，包括版权或是其他的所有权，或是作品，除非许可中明确准予。

例 10：In compliance with the request in your letter dated May 8，we have much pleasure in sending you herewith our pro forma invoice in quadruplicate.

译文：应贵方 5 月 8 日来函要求，特此随函附寄形式发票一式四份。

例 11：Provided that the acceptance of rent or mesne profits by the Landlord after the expiration of the term of the tenancy hereby created shall not be deemed to operate as a waiver or breach of any of the terms hereof nor as a new periodic tenancy by way of holding over or otherwise. A new Tenancy shall only be created by a fresh tenancy agreement in writing signed by the Landlord and the Tenant.

译文：倘若在本合约规定的租期届满后业主接受租金或中间收益，不应被认为是起了放弃或违背本合约的任何条件的作用，也不应认为是起了作为继续租用或其他的新租期的作用，新租约只能是业主和租户签署的新书面租赁合约。

三、一词多义

英语词汇所包含的意义往往颇具有灵活性，也就是说，英语词汇的意义多依据各自前后搭配和上下文而变化。一词多义是商务英语词汇的另一特征，主要表现在一个英文单词的普通词义和商务词汇之间的区别。许多平时熟悉的词，在商务英语中除了基本含义外还有其特定的专业意义。了解和掌握了这些词的多义性，才能运用自如，准确灵活地进行翻译。例如，汉语的“单”，这个字一般译成“bill”，如“煤气单”译成“a gas bill”，“剧目单”译成“a theatre bill”。但“保险单”的英文却是“insurance policy”而不是“insurance bill”，同样，“insurance policy”在汉语中只能译成“保险单”，而不能译成“保险政策”。

例 12：No reference was made by anyone to the past.

译文：没有人提到过去。

例 13：My reference will prove to you that I am efficient and dependable.

译文：我的担保人将向你证明我的工作是高效的，并且我是可信赖的。

解析：“reference”一词在例 11 中具有普通英语里的含义，即“参考、查阅、提及”；而在例 12 中该词则作为商务词汇出现，意思是“person or firms named by a customer asking a supplier for credit，from whom the supplier can get information about the business reputation of the customer”，即“担保人、证明人”的意思。又如“negotiation”一词，通常做“谈判”讲，而在“negotiation of the relative draft”中则是作为商务词汇，表示“议付”，因此这里应译为“议付有关汇票”。

英语的词义具有游移性和灵活性，很多词汇都需要考虑到上下文的语境再做出判断，在商务英语中尤其要注意。

四、臆造词语

臆造词汇是商务英语广告和商标的一大词汇特点。商标和商务广告的共同特点是要用新颖独特的语言和符号，大胆创新、标新立异，让消费者一见钟情、烙印在心。商标是某一产品区别于其他产品的标志，可以说是独一无二的，因此为表现商标的独特性，商标中的新造词使用甚多。广告语力求让消费者耳目一新，迅速得到消费者的青睐，也会巧妙地制造新词，吸引消费者的注意力。例如，福特汽车广告“4ord costs 5ive% le$$（Ford）”将数字与字母有机混合，“Ford”换成“4ord”，“five”变成“5ive”，“less”换成 le$$”，让数字映入消费者的眼帘，让声音传达商家的意愿，让美元代替优惠的价格，强烈吸引消费者的眼球，达到出奇制胜的效果。“We know exactly how to sell eggs”广告语中“exactly”一词，故意将“eggs”和“exactly”拼缀在一起，达到新颖绝妙的效果，令人过目难忘。

五、逻辑语义衔接词语

为明确陈述贸易双方的立场和观点，尤其是贸易条件等，商务语言常使用一些逻辑—语义关系词语来陈述事物间的逻辑关系，或表示原因（due to，caused by，etc.），或表示结果（therefore，as a result，etc.），或表示假设（providing，provided，assuming，etc.），或表示转折（nevertheless，otherwise，etc.）和限定（if only，unless，etc.）等。这些词的正确使用和理解有助于正确翻译商务英语中的各类文本，准确传达原文的意思。要精确地传达原文的信息，翻译时必须使用标准的、对等的专业术语，即强调词汇的精准和对应，从而使译文读者能准确地理解原文。例如，“whereas”常用于合同约首的开头以部分引出签约的背景和目的，“therefore”常用于合约的约首结尾部分以引出订约双方达成的约定条款。在商务活动中，交际双方讲究的是时间和效率，简洁高效的交流必将成为商务活动的主旋律。

语言交际有其特定的语言环境，商务话语是一种职业话语，是人们使用语言进行商务活动的产物，语言和商务活动之间是密切联系的，要使商务活动得以顺利进行，商务活动参与人必须运用语言，对词汇语法资源进行适当的操作。商务活动本身决定了语言的使用特点。商务英语的特点主要在于专业化和较强的针对性。归根到底，实用性是商务英语最大的特点。它注重的是在商务沟通中口语与书面表达的准确、简练与规范。出于国际商务活动的客观性与现实性的需要，商务英语的专业术语和职业套语多，但都必须用语礼貌，表意清晰，结构可行，表达得体。商务英语所要表达的语言信息是商务活动方面的内容，因此必须精确运用专业词汇。在商务英语中，掌握一定量的商务词汇是必备的，但是仅有一定量的专业术语仍无法自如应对各种商务问题。

第三节　对比语言学与商务英语

一、对比语言学与商务英语概述

翻译是个比较与决策的过程。译者在翻译过程中必须将原文与译文初稿进行仔细比较，通过比较，译者确定译文是否可取，并且还需要认真考虑，直到最终确定译文表达了原文的意思为止。这个过程其实也是一个对原作理解与表达的过程。理解与表达是翻译的最基本程序。翻译过程既然离不开比较，译者就需要对英汉两种语言之间的差异有所了解。这样，在翻译过程中遇到问题时，译者才能知道怎样对比和化解矛盾。

比较与对比是同义词，但又有所不同。就语言学而言，比较是人类认识事物、研究事物的一种基本方法，也是语言学研究的一种基本方法。而对比则是一种更侧重于不同之处的比较，所以有比较语言学和对比语言学之说。

比较语言学（comparative philology/linguistics）和对比语言学（contrastive linguistics/contrastive analysis）有所不同。比较语言学是从历时的角度研究语言的科学。它历时地对两种或者两种以上的语言进行比较、分析、研究，目的在于通过重建原始语言，推定各种语言的亲属源流关系，进而阐述它们的体系和特质。与此相反，对比语言学是一门共时语言学，它只是共时地对两种或两种以上的语言进行考察分析，指出它们之间的语音、语法、词汇等各个部分里的同异点，并努力运用哲学、心理学、民族学等学科的知识与理论去说明这些同异点之所以产生的根源。

换言之，比较语言学是“语言学的一个分支，系统地比较有关语言或一种语言的不同历史阶段的语音、语法和词汇的对应关系。由此可以知道，比较语言学是对一种或一种以上的语言在不同历史时期的有关现象进行对比。比较语言学与对比语言学的特征对比见表 2-1。

表2-1　比较语言学和对比语言学

	比较语言学	对比语言学
时间跨度	历时	共时
研究对象	有亲属关系的不同语言	不同语言和方言
目标	构拟共同始源语	了解不同语言的异同
方法	词汇语法层、音系层	词汇语法层、音系层+语义层
实用价值	理清谱系关系、发展词源学	发展语言类型学、推动语言学习（错误分析）、推动外语学习（中介语）、推动翻译实践
其他名称	比较语文学、比较语法	区别分析、区别语言学

从上表可以知道，对比语言学的方法更适合应用到商务英语研究中。例如：从实用价值方面来看，比较语言学重点在于理清语言的谱系关系，研究商务英语一般不需要将商务英语的谱系逐年整理；对比语言学的实用价值方面侧重于发展语言类型学，从而推动语言学习和外语学习。类型语言学（typological linguistics）又被称为语言类型学（linguistic typology），它是研究各种语言的特征并进行分类的学科，方法是比较这些语言，找出其相同和相异之处。通过对比商务英语和商务汉语两种不同语言的异同有助于商务英语研究。对比语言学的历史不是很长，只有几十年的时间。20 世纪 50 年代诞生的对比语言学是布龙菲尔

德创立的结构主义语言理论与迅猛发展的外语教育的联合产物。自诞生起到60年代中期，对比语言学在美国得到了迅速发展。20世纪六七十年代对比语言学在欧洲得到了很大的发展。与比较语言学不同的是，对比语言学涉及不同语系的语言之间甚至各方言之间的共时性研究。

当前对比语言学的发展呈现出四个新趋势：① 理论对比语言学研究增多；② 应用对比研究更注重与其他应用语言学研究相结合；③ 对比领域从传统的语音、语法对比向篇章、语用对比扩展；④ 对对比语言学本身的一些理论、方法问题的探讨不断深入。对比语言学相比之下有很大的实用性，所以更应该进一步加强对对比语言学的研究，并需要研究与其他相关学科的关系。

正如吕叔湘先生为《英汉对比研究论文集》的题词中所说："指明事物的异同所在不难，追究它们何以有此异同就不那么容易了。而这恰恰是对比研究的最终目的。"对比语言学的理论意义在于通过对比，使人们加深对所对比语言的认识。对比语言学的应用意义在于对教学和翻译有着重要的作用。对比语言学的重点是就语言之间的异同进行对比。对比语言学分理论和应用两大部分。理论部分与音系学、语义学、句法学、语篇学、语用学、文体学、修辞学等有联系，这是因为对比语言学的理论研究以这些学科为基础；对比语言学的应用部分主要和翻译学、对比文化学、双语教学等关系密切。在对比语言学方面颇有研究的有刘宓庆。早在1991年他就出版了专著《汉英对比研究与翻译》。此外，他还发表了不少有关的文章，对英汉对比进行了比较系统而深入的研究，并有自己独特的见解。他特别重视应用研究。他认为"对比语言学的任务就是在语言共性的总体观照下，探索研究和阐明对比中的双语特征或特点，以此作为参照性依据，提高语言接触的深度、广度以及语际转换的效率和质量"。从他对对比语言学所确定的任务中可以看出，对比语言学对翻译质量和翻译效率的提高有非常大的促进作用。他的书涉及的是英汉互译，所以对比语言学在此主要涉及英、汉语之间的对比，涉及英汉对比语言学。

杨自俭教授认为，英汉对比语言学是语言学的一个分支学科，兼有理论语言学和应用语言学的性质。其任务主要是对英汉两种语言进行共时和历时的对比研究，描述并解释英汉语之间的异同，并将研究成果应用于语言和其他相关的研究领域。杨自俭对英汉对比语言学所下的定义包括了共时和历时两个内容。但就对比语言学而言，主要是共时的研究。

许余龙在我国的对比语言学方面有突出的贡献，他的《对比语言学概论》是国内第一部论述对比语言学的专著。许先生在该书中给对比语言学所下的定义是："对比语言学是语言学的一个分支，其任务是对两种或两种以上的语言进行共时的对比研究，描述它们之间的异同，特别是其中的不同之处，并将这类研究应用于其他有关领域。"许先生强调的是共时的研究并将该研究应用于其他有关领域。本书讨论对比语言学的目的正是如许先生所说的那样，将对比语言学应用于商务英语学科领域。许余龙先生将对比语言学分为理论对比语言学和应用对比语言学。他说："应用对比语言学的主要应用领域是外语教学。"许先生的应用对比语言学的原理对商务英语有非常大的指导意义。结合对比分析与外语习得理论，就商务英语教学中的第一语言（母语）对第二语言（外语）的干扰现象进行对比。例如，汉语中的"信用证"和"信用卡"由于两者皆有"信用"二字，导致学生对它们相对应的英语"letter of credit"和"credit card"的理解错误。"外语习得过程是一个从母语习惯向外语习惯转移的过程"[①]。在这个转移过程中，受母语习惯的影响，在第二语言的形式、结构、语义、语用等方面，学生的语言习得受到干扰和影响。商务英语研究需要借用对比语言学的对比分析方法和错误分析方法，对商务英语和商务汉语进行认真的比较，对学生的错误进行分析、对比，从而找到问题的解决办法。此外，翻译批评需要对不同译本进行对比，需要对原作与译作进行对比，需要将原语与译语进行对比。诸如此类的对比，对比语言学都有一定的指导意义。

翻译是个将一种语言所包含的信息用另一种语言表现出来的过程。为了能最大限度地将原语的信息在译语中传达出来，就必须对比分析，找出两种语言的等值关系和等值成分。在翻译的对比分析过程中，译者需要区分两种语言表达信息的异同。

二、英汉语对比——抽象与具体

英语和汉语是属于两种语系的语言。英语属于日耳曼语系西方日耳曼语支。

① 许余龙.对比语言学概论[M].上海：上海外语教育出版社，2005.

而汉语则属于汉藏语系。英语是拼音文字，汉语是象形文字、表意文字。英语是从综合型向分析型发展的语言，汉语是以分析型为主的语言。综合型语言的特点是该语言主要通过词语本身的形态变化来表达其语法意义，如：语言的格、数、时态等；分析型语言的特点是该语言的语法关系不像综合型语言那样通过语言本身的形态变化来表达，而是通过虚词、词序等手段来表示。英汉语言的这种差异也体现在英汉商务语言中。因此，在进行商务交流的过程中，需要了解商务英语惯用抽象词汇的特点，以及在用汉语进行表达时注意将抽象的词汇具体化为汉语中与之对应的词语；反之亦然。例如汉语的“报盘”“谈判”“管理”等，在没有上下文的语言环境中，很难看出它们的词性，但是在以下的例句中就一目了然：

本报盘以我方最后确认为准。（“报盘”是名词）

请在本月底前向我方报盘。（“报盘”是动词）

此次与琼嵩公司的谈判很成功。（“谈判”是名词）

总裁正在与琼嵩公司的代表谈判。（“谈判”是动词）

他管理一家大型企业。（“管理”是动词）

他出色的管理救活了这家公司。（“管理”是名词）

将以上几句话翻译成英语分别是：

This offer is subject to our final confirmation.

Please offer by the end of this month.

The negotiation with Joansung Company was a great success.

Our Managing Director is negotiating with the reps of Joansung Company.

He manages a large enterprise.

He has saved the company from going bankrupt through his excellent managerial talent.

第三句的英译中动词用过去时态，因为“谈判”已经是过去的事，汉语没有反映出这种过去的时间，而英语译文必须反映出。又如，第五句中的动词 manages 反映出第三人称单数的变化，即在行为动词后加“s”，汉语“管理”没有这种变化。另外，第六句用了完成时态，因为根据原句子可以理解为：由于“他”的出色管理，“他”已经使一个濒临破产的公司起死回生，所以尽管中文原句没有像英语那样通过助动词表示完成时态，但是在英语译文中必须将这种完成时态反映出来。

上述例子告诉人们，在进行商务英汉翻译时，了解英汉语两种语言的差别是非常有必要的。汉语以分析型语言为主是因为汉语也有某些词尾的变化，有表示复数的词“们”，如员工们，经理们；表示指称人或物的“……子”，如胖子、孩子等，箱子、刷子、台子等。尽管如此，汉语的词型变化比起英语来少多了。所以说汉语是以分析型为主的语言。商务翻译者必须清醒地认识到这一点，以便在从事国际商务英汉互译时可以灵活掌握翻译规律。由于英汉语本质上的差异，反映在词汇上还表现为英语词义趋向于抽象，而汉语则趋向于具体。英语的词汇通常比汉语虚，汉语往往将具体的或抽象的事物度量化、单位化。在进行国际商务翻译时，知道了这种情况就可以灵活处理。汉语缺少词形和词缀的变化手段，所以往往以实的形式表达虚的概念，以具体的形象表达抽象的内容。上例中的“报盘”“谈判”“管理”，看不出是名词还是动词。名词的“具体”与“抽象”在汉语中常常难以辨别。正如王力先生所说，“我们所谓名词，和英语所谓noun，范围广狭稍有不同。我们的名词，就普通说，除了哲学上的名词外；只能指称具体的东西，而且说是五官所能感触的。英文里从形容词形成的抽象名词，如kindness，wisdom，humility，youth；从动词形成的抽象名词，如invitation，movement，choice，assistance，arrival，discovery等，中国字典里可以说没有一个词和它们相当的。在中国词的形式上，咱们辨别不出抽象名词的特征；它们是和形容词或动词完全同形的。我们在上文声明过，我们不赞成从职务上分别词类，因此我们就不能从‘我喜欢他的聪明’一类的句子里。去证明‘聪明’是一个抽象名词，也不能从‘他费了长时间的选择’一类的句子里，去证明‘选择’是一个抽象名词。我们如果从概念上去辨别，中国语里的‘聪明’断然是一个形容词，因为它表示一种德性；‘选择’断然是一个动词，因为它表示一种行为。……”①

了解了英语的抽象和汉语的具体的特征．我们在进行国际商务英汉互译时就可以对抽象与具体的转换采取灵活的方法。换言之，翻译时能大胆地使用翻译技巧。根据连淑能的归纳，可以采用以下几种方式来解决英语的抽象和汉语的具体之间的互相转换，这样做对国际商务英汉互译具有指导意义。

① 李瑞华.英汉语言文化对比研究[M].上海：上海外语教育出版社，2000.

（1）用动词取代抽象名词。英语中大量的表示行为或动作的抽象名词，如果照直翻译成汉语，可能会使译文晦涩、不顺，因此可以将这些名词转换成汉语中的其他词类。例如：

The CEO，who is going to resign，surfaces with less visibility in the company strategies decisions.

译文：公司总裁由于准备辞职，在公司的决策过程中不怎么抛头露面了。

A firm's involvement in exporting products can range from a minimal commitment all the way to considering exports as necessary for the firm's survival and growth.

译文：公司在产品出口中参与情况的程度不一，从最低程度的参与一直到将出口视为公司生存和发展必要条件的参与都会存在。

第一句中的抽象名词“visibility”在汉语译文中转换成“抛头露面”，因为根据实际情况，总裁经常要为公司的事与人接触，但是由于他准备不干了，所以“不那么见得到”。如果将“less visibility”翻译成“更少见到”似乎不很通顺，而“抛头露面”更符合这句话的背景。第二句中，“involvement”在英语原文中是一个抽象名词。然而在汉语译文中则将其具体化为“参与情况”，这样就便于汉语读者理解和接受，并且使下面的行文合乎逻辑地表达出来。

（2）用范畴词使抽象概念具体化。在汉语中，常常用范畴词（category words）表示行为、现象、属性等概念所属的范畴。翻译时可以将抽象的英语用这些范畴词转换成具体化的汉语，如果不将英语抽象的概念用具体化的汉语表现出来，那么译文势必不通顺，或者不能完全表达原文的意思。例如：

The new manager' flexibility has left us a very good impression.

译文：新经理的灵活工作方法给我们留下很好的印象。

该例句中的英语“flexibility”是个抽象名词，如果将其翻译成“灵活”也未尝不可，但是根据上下文，应该将它具体化，翻译成了“灵活工作方法”，将该词所蕴含的深层意思在汉语译入语中表达出来。又如：

The Chairman said with firmness that if any one should break the rules ofthe company，he would certainly be severely punished.

译文：董事长态度坚定地说，违反公司规章的人必受到严惩。

该句“firmness”的汉语译文中加了“态度”一词，使“firmness”所蕴含的抽象意义具体化了。

（3）用具体的词语阐释抽象的词义。英语中有些抽象名词的含义比较笼统和虚幻，翻译成汉语需要进一步加以解释，用汉语词汇来将抽象概念具体化，通常可以采取增词的翻译手法。例如：

Our company's computers have become a *fixture* in many offices in that country.

译文：我公司生产的电脑已成为那个国家许多公司办公室的必备之物。

以上例句中斜体相应的汉译都增加了词，若不增加词语，读者就不能真正领略到原文的抽象概念。

（4）用形象性词语使抽象意义具体化（figuration）。尽管英语中的抽象概念在汉语中不容易找到对应的抽象词语来传达，但是汉语中有许多形象性词语，翻译时可以用这些具有丰富形象性的汉语词语来传译英语的抽象概念。例如：

The billionaire left his hometown when he was 19. He arrived in Shanghai in a state of almost utter destitution.

译文：那位亿万富翁 19 岁告别家乡，到上海时几乎身无分文。

I talked to him with brutal frankness.

译文：我对他说的话，虽然逆耳，却是忠言。

综合上述英语抽象概念与汉语具体化表现可以知道，在翻译中不能死抠原文词语和语言结构，了解了英语的抽象概念可以用汉语具体表现出来，知道了英汉语抽象与具体的差异，就可以大胆地通过使用汉语不同的词语将英语的抽象转变为汉语的具体。反过来亦然。从上面的例子可以看出，为了将英语的抽象在汉语译文中具体化，往往是通过增词的手段，这些所增的词是以原文为基础的。换言之，翻译者需要理解原文的上下文来揣测英语抽象意义所蕴含的意思。因此，对比英汉语之间的差异对国际商务英汉互译大为有用。

三、英汉语对比——形合与意合

英汉商务语言都采用衔接手段来实现句子表达的连贯。在衔接手段方面，英语商务语言中多采用词汇和句法手段连接句子，这就是所谓的“形合法”。这一方法的主要特点是借助连接词来衔接句子的各个部分，表明句子之间的关系。而汉语商务语言中经常采用语义手段连接句子，这就是所谓的“意合法”。这一方法的主要特点是没有借助显性的连接词，而从各个成分隐含的内部意义实现句子的衔接。

所谓形合指的是语言篇章结构主要靠外在的（或语言的表层结构）连接手段，这些手段涉及语言的基本形式，主要是指连接词、纽带词汇。“据此我们可以把形合手段分为两种：一是形态，包括构词与构形；二是形式词，包括连接词、关系词、介词、助词、代词、语气词等。这样我们可以把形合定义为：借助形态和形式词来表示词间、小句间和句子间的关系为形合。”（周志培，2004：34），英语属于印欧语系，是拼音文字，印欧语系的语言具有曲折式形态变化。作为拼音文字，英语具有拼音文字的形态变化功能。但是并不是说英语只有形合的特点。一般来说，英汉语都具有形合和意合的特点，只不过是英语更重形合。英语句子结构的黏着性较强。句子的主谓分明。主从关系清晰、能见诸于形式，由形式决定语义关系。相比之下，汉语更重意合。“意合”定义为：不借助形态和形式词，靠词语与句子本身意义上的连贯与逻辑顺序而实现的连接为意合。（周志培，2004：34）意合就是靠语言材料本身所蕴含的意思以及按照普通逻辑推理所获得的语言传递的信息，而不是通过使用有关的形合词语。例如：

If winter comes，can spring be far behind?

在这句英语中，“ if ”作为从属连词表示条件是必不可少的，而将此句翻译成汉语，就没有必要将“ if ”译出：“冬天来了，春天还会远么？”汉语是意合性语言，这就是一个很好的例子。当然，如果将“ if ”翻译出来也未尝不可：“如果冬天来了，春天还会远么？”不过仔细揣摩一下，作为母语是汉语的人感觉“冬天来了，春天还会远么？”更自然。更合乎汉语的习惯。中国人说话讲究含蓄，这与汉语的意合密切相关。所谓含蓄，就是话中有话，有些东西不必要说出。即使不是含蓄，由于汉语更重意合，因此在说话、写作时，汉语中的形合词语用得较少，更何况汉语中连接词语、句子、段落篇章的手段不像英语那样丰富。任何一种语言中，句子的连接主要有句法手段、词汇手段和语义手段等三种方法。英语句子的连接主要靠句法手段和词汇手段，即英语是以形合为特点的语言。而汉语是以语义手段进行句子的连接，是以意合为特点的语言。

任何语言都存在形合与意合两种特征。由于英语是综合型语言向分析型语言过渡，所以英语主要以形合为主。汉语是分析型语言，同时也具有一些综合型语言的特点。这样看来，英汉语有一些相似点。清朝末年的《马氏文通》按照拉丁语法建立起汉语语法，多少证明英语和汉语尽管差异不小，但还是有一些共性，否则汉语语法不会和拉丁语法有某种融合。此外，任何语言之间都有共性，因为人类的思维、人类对客观世界的认识大同小异。语言是思维的物质外壳，两者紧密结合。思维是内容，语言是形式，也是工具。一般认为，思维决定语言形式。由于人类的思维方式有其共性，因而英语和汉语也存在相同的方面。英语以形合为主，意合为辅；汉语意合为主，形合为辅。

（一）英语形合的表现手段

英语被认为是树形语言，因为在句子的主干上可以添加许多“枝叶”：修饰、限定成分。根据周志培的观点，英语的形合手段主要有以下几方面：

1. 形态变化

（1）内部形态

英语的内部形态主要涉及其构词成分，如前缀与后缀。

（2）附加形态

附加形态主要指英语词的语法变化，如名词复数加 s（es）。动词加 ing，形容词、副词比较级加 er 等。

（3）外部形态

外部形态主要指构成英语语法的语言附加形态，如英语的所有时态的构成、语态的构成、虚拟语气的构成都必须附加一些词，或使某些词发生变化。如表示与过去相反的虚拟语气，从句动词用过去完成时，主句用 would/should+have+ 动词过去分词。

2. 形式词

形式词主要指“虚词”，即介词、连接词（并列连接词、从属连接词）、关系代词、关系副词、冠词、连接副词（如 secondly，moreover。worse，still 等）。

3. 句法结构的形合

英语属于形合语言，英语的遣词造句侧重形式的接应，要求句子以形寓意，因而句式的结构完整、严密并规范。也正由于这一特点，英语商务语言的形式和连接手段非常丰富。另外，形合的特征也使得商务英语句子结构犹如大树一般，主干分明、枝繁叶茂，句子也呈现出以形寓意、以形统神的特点。具体而言，在英语的商务语言中的形合主要是通过显性的连接手段将主句与各个从句连接起来，其中各个主句、从句以及各个句子成分都有着明显的逻辑关系。换言之，句子的语法意义和逻辑关系通过各种显性的连接标记来实现。例如：

A market analyst is a person with specialist knowledge of a specific market who often predicts what will happen and tries to explain what has happen.

译文：市场分析员是拥有某个特定市场专业知识，往往能预测市场并试图对市场现象做出解释的人。

上述例句中使用了很多显性标记词，如介词 with，of；关系代词 who，what；连接词 and；词的时态变化 predicts，tries to explain，has happen 等。通过这些显性的连接手段，可明显地发现该句子中各个成分之间所体现的语法意义以及逻辑关系。

英语形合的特点使得英语中惯用长句，长句主要是指在短语的基础上套短语，在从句的基础上套从句，句子层次多样，逻辑关系较为复杂。例如：

The United States pays for Brazilian coffee with dollars，which Brazil can then use to purchase wool from Australia，which can likewise buy textiles from Great Britain，which can import tobacco from the United States in the same way.

译文：美国用美元支付从巴西进口的咖啡，巴西用所得的美元去购买澳大利亚的羊毛，澳大利亚再用收取的外汇进口英国的纺织品，而英国再以同样的方式从美国进口烟草。

上述例句中的英语原句包括三个由 which 引导的定语从句，每一个 which 用来指代前面分句的最后一个单词，并且引出后面的从句，构成一个衔接紧密的长句，可谓环环相扣。因此，在商务交流中，如果遇到这种商务文本，译者需要按照英语原句的逻辑关系将其分成四句来理解，并用汉语进行准确的表达，这样的表达才能表意明确、层次清晰。

以上英语所用形合的手段，在汉语中比较缺乏。例如表示过去的概念，动词本身没有什么变化，可以通过增加词来表达。例如：

He used to be a big boss.

他做过大老板。

原文 used 是过去时态，汉语译文通过“过”来表示过去的概念。还可以再增加词：他过去曾做过大老板。

（二）英语的意合

多数情况下，英语非使用形合句不足以表达其内在的逻辑关系。但实际上，英语也不乏意合手段，主要有以下几种情况。

（1）某些固定的成语、习语、哲理性语言

例如：

Man proposes，God disposes.

No pains，no gains.

First come，first served.

（2）以时间顺序和逻辑顺序意合成的句子

例如：

Work harder，you will meet the deadline.

Let the situation be ever gloomy，we should finish shipping the cargoes today.

（3）形式词简约后构成的意合句

例如：

How many workers（whom）do you think will join the strike?

以上例句属于英语中少数的意合句子，没有使用表示形合的词汇。如果将意合的句子变成形合的句子，就必须加形合词汇。例如：When you first come，you will be first served. 句子中加入了 when 等形合词汇。

总的说来，英语的意合只是少数情况，而形合是英语的最大特征。换言之，英语的篇章、句子要求完整，必须使用那些构成形合手段的词，从而使句子、篇章合乎语法、习惯。知道了这一点，在翻译时就可以根据汉语意合的特点，不必将英语的形合手段的词总是翻译出来。例如：After the contract was signed，the two parties went to dinner.（合同签好，双方赴宴）。当然，如果将这句英语翻译成：“签好合同之后，双方去赴宴”也对，但是，译文若能简洁又不影响原文的意思，则是最好的。

（三）汉语的意合

汉语造句少用甚至不用形式连接手段，注重隐性连贯（covert coherence），注重逻辑事理顺序，注重功能、意义，注重以神统形。汉语的形合手段比英语少得多，没有英语所常用的关系代词、关系副词、连接代词和连接副词。另外，汉语中有的词英语中也缺乏，如汉语中有方位词、语音重叠（如说说笑笑）、语气助词（如啊、嘛、吧、罢了）。汉语虽然有一些形合手段，但并不经常使用。例如：“他来了的话，请他立刻到总裁办公室去一趟。”这句话完全可以加上“如果”，“如果他来了的话，……”但是，说话尽量避免啰嗦，往往不需要说出“如果”。不过，这句话翻译成英语时，形合的标记 when 必须使用。例如：When he arrives，please tell him to go to the MD’s office. 如果去掉 when，就不成为一个合乎语法的英语句子。汉语中也有一些形合手段，但形合词远少于英语。英语中的词缀大约有 110 个，而汉语中大约只有 20 个；英语的介词大约有 286 个，而汉语中大约有 35 个；英语中连接词、关系代词、关系副词大约共有 100 左右，而汉语中并列连词、从属连词与关联副词配合使用的连接词语总共有 50 个左右[①]。所以，汉语更加趋向于通过“意会”来传达意思，即意合。所谓意合，其实就是句子不在乎语言外部形式的链接手段，而主要通过语言形式以外的东西，靠句子内部的逻辑联系，给读者更多的想象空间，所以意合更多地将读者卷入其中。汉语的意合之所以能让汉语读者通过意会理解汉语，主要是因为汉语的约定俗成。例如，汉语“我走了”，句中“我”说话时还没有真正离开，所以将这句话译成英语就必须考虑到汉语的意合在英语中要通过形合表现出来：I am leaving。英语通过现在进行时表示“马上离开”。而“他走了”就完全不同，汉语读者对此不会误解，“他”在说话的时候已经离开了。重形合的英语译文必须体现出这层意思：He has left/gone. 通过现在完成时表示“他”已经“离开”。

① 周志培.汉英对比与翻译中的转换[M].上海：华东理工大学出版社，2003.

汉语的意合主要由以下一些因素所致：① 汉语词缀有限；② 汉语句子不随意改变顺序；③ 汉语短语与词的界限不十分清楚，因为汉语是表意文字且汉语的语素大多是单音节的。组合起来较容易；④ 汉语不像英语那样有七种基本句型，汉语呈散状；⑤ 汉语的简单句可以没有主语，也可以没有谓语；⑥ 汉语的谓语可以没有动词或有几个动词；⑦ 汉语有形合的复合句，但是汉语形合复合句的语序相对固定，汉语还有意合复合句（英语中没有意合复合句）；⑧ 汉语有公因话题句。关于公因话题句，请看周志培先生的阐述：“我们这里讲公因话题中的音义语块就是这种语音和语义都相对独立的短语。相当于古人所说的音句或句读。这些音义语块，在它们进入句子后，都与公因话题发生关系而构成一个完整的义句——公因话题句[①]。汉语多流水句，流水句是公因话题句的一种。吕叔湘《汉语语法分析问题》指出“汉语口语里特多流水句。一个小句接一个小句，很多地方可断可连。”

总之，汉语的意合主要靠意义来组合，而不像英语那样主要靠形合手段来组合。汉语的四字结构充分体现了汉语的意合组合。汉语句子和篇章结构的各个层面以意合为主，没有核心，不像英语那样，有句子核心——主谓基本结构，然后在此结构上可以发展出其他从属句子。汉语靠意念去组合，去理解，有“形散而神不散”之特点。换句话说，汉语的意合与英语的形合的不同就是形态的变化与否。人们通常将英语比喻成树，在树干的基础上发展枝叶；汉语被比喻成竹子。枝叶稀疏，但一节一节直拨而上。语言的正确与否，一般来说从三个方面判断：语法、逻辑和习惯。语法正确的语言如果不符合逻辑，也被认为是错误的语言，语法和逻辑都正确的语言如果不符合习惯，也被认为是错误的。任何语言一般都存在不符合逻辑的情况，由于约定俗成的习惯，也被认为是正确的。汉语由于是意合为主的语言，比起英语就多一些不符合逻辑但符合习惯的情况。例如，“晒太阳”不可能将“太阳”拿来“晒”，逻辑上有问题，但习惯上是对的。“晒衣服”语法上对，逻辑上也对，因为“衣服”是可以拿来晒的。又如，“吃食堂”，中国人自然能理解其真正的含义，但是初学汉语的英语国家的人可能就不理解，“食堂”怎能拿来吃呢？正是由于汉语是意合为主的语言，在从事国际商务英汉互译时，若能了解造成英汉语差异的原因，在翻译“晒太阳”和“吃食堂”时就能将

① 周志培.汉英对比与翻译中的转换[M].上海：华东理工大学出版社，2003.

原文所蕴含的意思翻译到英语中去：enjoy warmth under the sunshine；have meals at canteen；而不会翻译成：shine the sun；eat the canteen.

汉语的意合有其内在的规律。根据周志培的观点，汉语的意合规律有以下几点。

（1）逻辑律

任何语言的构词、组词和造句，大体上依靠三个手段，第一个是形态变化，第二个是虚词（各种形式词），第三个是语序。汉语是意合的语言，主要靠语序的排列而变化，而排列词语、句子首先靠语义，其次靠逻辑。虽然语言现象中有不符合逻辑的情况，但是那只是例外。意合通常应该合乎逻辑规律，汉语意合符合的逻辑规律有以下几种。

① 时序律：按照事情发生的先后排列出现。例如：收支、浮动、春夏秋冬、前呼后拥。他打开办公室门，马上打开电脑，查阅电子邮件，开始了一天紧张的公司文秘工作。

② 时空大小律：按照空间的从大到小的逻辑顺序排列。例如：远近、快慢、大大小小、分秒必争。

③ 因果律：语言按照先原因后结果的顺序排列。例如：收紧、松散、积劳成疾。机器再贵也得买。

（2）心理上的重轻律

心理上的重轻律是汉民族的文化心理，是长期以来汉民族形成的语言心理习惯。例如，君臣、男女、高低、东西、新旧、进出口、钢铁、国内外、城乡差别。英语中有时也有轻重律。

（3）音韵律

所谓音韵律，“笼统地说，韵律是指说话中为适应协和原则而出现的任何和谐悦耳的语音效果，包括音节、重音、节奏、音步、押韵、声调序等诸因素①。”汉语中充分体现意合特征的四字结构一般按照语序组合，注意平仄关系交替。如自作聪明、通情达理。

（4）排偶律

也就是排比与对偶律。汉语讲究对仗排比，排偶律是汉语的特色，是汉语言

① 周志培.汉英对比与翻译中的转换[M].上海：华东理工大学出版社，2003.

文化已形成的习惯的心理定式。

（四）汉语的形合

汉语和英语的句子既有规定性，又有灵活性，汉语句子除逻辑事理组织方式外，还运用汉语独有的音韵手段；英语句子除形态特征外，也顺从语序要求。此外，汉语的骈偶具有形合结构的特征，形合就是通过语言的表面形式来链接语句，反映出语言的曲折变化。

汉语的形合手段类似英语的形合手段。

（1）词缀

汉语大约只有二十几个词缀，如老、阿、子、儿、头、性、切、可、化等。例如：老王、老李；阿凤、阿男；迫切、贴切；可行性、必要性；经济全球化、现代化；可燃、可溶、可转让。此外，还有大家十分熟悉的形容词后缀“的”和副词后缀“地”。例如，总经理漂亮的女秘书漂亮地完成了总经理交给她的任务。汉语中有几个和动词连用的词表示动词的状态：“着”表示进行状态，如：工作着；“了”表示完成的概念，如：完成了任务；“过”一般表示完成或过去概念，如：我去过英国；“得”表示动作的程度与结果。如：生活得很好。以上几个字也和形容词连用，如：这个年轻的企业家正红着呢。

（2）语音重叠

英语没有语音重叠的现象。语音重叠是汉语的特色，主要是动词和形容词的重叠，如又说又笑；说说笑笑；干干净净，清清楚楚。

（3）形式词

汉语有一些形式词，有介词、连接词、代词、语气词。汉语有方位词，英语却没有。

英语的形合与汉语的意合有其文化渊源。语言和文化紧密相连，而文化又与哲学密切相关。语言是文化的载体，也是人类思维的载体。一个民族的思维与它的哲学观有关。西方的哲学崇尚“人物分立”，倾向于个体思维，着重形式论证。西方的哲学特征是其科学性，而中国的哲学观主张“天人合一”“物我交融”，所以中国的哲学特征是艺术性的。艺术靠悟性，科学靠论证。就语言而言，西方语言重形合，讲究语言构件的完整和形式上的链接；汉语则重意合，中国人历来重视人的悟性，所以汉语看似形散，英语看似形整；英语的句子、篇章结构似一串葡萄，而汉语的句子、篇章结构好像一盘珍珠。汉语多无主句，主动语态使用较多，连接词使用少，词句讲究平衡、匀称、对仗；而英语结构紧密，主语一般不能省略，非人称主语使用较多，连接词、介词等串联语句的词汇使用较多。这种根深蒂固的语言、文化、哲学影响语言使用者的思维习惯。中西医的差异可以证明这一点：西医重科学论证、实验；中医重感觉、经验和悟性。所以中国的思维模式是综合型的，而西方的思维模式是分析型的。由此，英语重形合、汉语重意合就不足为奇。

第三章　跨文化视角下商务英语的语言特征

经济全球化的深入发展使国际商务活动日益频繁，商务英语在国际事务中的重要作用更加突出，社会对于全能型商务英语人才的需求也在不断增加。在这样的时代背景下，分析商务英语的语言特征，从而切实提高商务英语的综合运用能力，就具有很强的现实意义。下文就对商务英语的词汇、句法、语篇与修辞特征进行分析。

第一节　跨文化视角下商务英语的词汇特征

词汇是构建当代商务英语大厦的砖石，了解商务英语的词汇特征是正确运用商务英语的前提。现代英语词汇量大、词义丰富，一词多类、一词多义、一词多用的现象比比皆是。随着外向型经济的发展，我国在更大程度上与国际接轨，并参与国际合作与竞争。因此，商务专业英语在商务领域的实际应用也越来越广泛。商务英语是一种以职业为目的的英语，需要参与者用英语来完成所有或部分的工作职责，具有较强的实用性、知识性和专业性。作为一种社团方言的商务语言，其专业词汇数量大，应用范围广，其词语体系主要由商务专业术语、商务工作常用词语和民族共同语中的其他基本词和非基本词构成，而其中的商务术语是商务语言词汇体系中重要的组成部分。

一、专业术语丰富

商务英语属于应用性语言学科，它涉及国际贸易、营销、金融、广告、物流、保险和法律等多个领域，涵盖了各领域的专业术语。专业术语是指适用于不同学科领域或专业的词，是用来正确表达科学概念的词，具有丰富的内涵和外延。专业术语要求单义性，排斥多义性和歧义性，且表达专业术语的词汇都是固定的，不得随意更改。商务英语拥有数量可观的专业术语，这些术语体现了明显的行业知识。如国际贸易方面的：free on board（离岸价）、standby letter of credit（备用信用证）、letter of guarantee（银行保函）；经济学方面的：gross national product（国民生产总值）、demand curve（需求曲线）、bond yield（债券收益）、comparative advantage（比较优势）；金融方面的：fiscal deficit（财政赤字）、contract curve（契约曲线）、to ease monetary policy（放松银根）；营销方面的：attitude tests（态度测试）、market share（市场份额）、aftersales service（售后服务）；保险方面的：Absolute Liability（绝对责任）、Force Majeure（不可抗力）、Risk of Breakage（破碎险）；广告方面的：appeal（诉求广告）、audience share（受众份额）、media mix（媒介组合）等。

商务专业术语与商务语言使用中的民族共同语中的其他基本词和非基本词相比较，有其自身的专业特点，归纳起来有以下几点：

（1）词义的单一性和对义性

至少在一个学科领域内，一个术语只表达一个概念；同一个概念只用同一个术语来表达，即理论上讲的“一词一义”。英汉商务术语也不例外。因此，在具体运用过程中，任何人在任何情况下都必须对其有同一的解释。商务专业术语的单一性主要表现在两个方面，① 每个专业术语所表示的都是一个特定的商务概念，在使用时不能用其他任何词语替代。例如：在英语中 credit standing（资信状况）不能用 position 代替 standing；standby credit（备用信用证）不能用 spare 代替 standby。汉语中也是如此，“资信”不能说成“诚信”，“备用”不能说成“零用”。② 某一个专业术语即使在民族共同语中属于多义词，在商务专业英语中也只保留一个义项。例如：listed company（上市公司），list 在英语中解释为“清单”“记入名单”，而在商务专业英语中，它解释为“上市的”。又如：claim for damage（要求损害赔偿金），claim 在日常英语中意为“声称”“断言”，而在保险专业英语中，它意为“索赔”。汉语也一样，例如：停止参加某个项目可以说“放弃”，但如果中途不参加保险了，都说“退保”，而不说“弃保”。

词语的对义性是指词语的意义互相矛盾、互相对立或互相关联，即词语所表示的概念在逻辑上是一种矛盾或关联。在民族共同语中，这类意义相反或对应的词属于反义词或关联词的范畴，在商务语言中称之为对义词。商务工作常常需要借助一组表示矛盾、对立的事物或表示对立的商务活动的词语来描述各种互相对立的商务活动的性质或进展。所以，在商务专业术语中，英语和汉语都有一些反义 / 对义词，

例如：

supply/demand　供应 / 需求

premium/discount　升水 / 贴水

bear market/bull market　熊市 / 牛市

surplus/deficit　过剩 / 短缺

assets/liabilities　资产 / 负债

inflation/deflation　通货膨胀 / 通货紧缩

appreciation/depreciation　升值 / 贬值

spot transaction/forward transaction　现货交易 / 期货交易

关联对义词是指两个相互对应的词在词义上不一定是严格意义上的反义词，但是它们在含义上有明显的联想意义和对比意义，表示着相互关联的一类商务现象或概念。在这一点上，英语和汉语也有一致性。

例如：

fiscal policy/monetary policy　财政政策 / 货币政策

preferred shares/ordinary shares　优先股 / 普通股

preloss/postloss　损失发生前的 / 损失发生后的

insurer/insured　承保人 / 投保人

商务专业术语中的这种对义现象是由商务活动本身的性质所赋予的。因为商务活动往往是远近、优劣、强弱等互相对立或关联的两个方面，这就决定了商务专业术语中不可避免地存在大量的对义词。

（2）词语的类义性和简约性

类义词是指意义同属某一类别的词。一般来说来，类义词所共有的类别意义为类概念，表示类概念的词被称为上义词；归属于同一义类，分别表示同一类概念之内的若干种概念的词被称为下义词。英汉商务专业术语存在大量的类

义词是其又一大特点。如 transaction（交易）可作上义词，它所包括的 deposit money，draw money，settle an account，exchange foreign currency 等为其下义词。又如 insurance（保险）可作上义词，它所包括的 liability insurance，property insurance，health insurance，travel insurance，self-insurance 等为其下义词。类义词是概念划分的产物，汉语中的表现也与此类似。商务专业术语中存在类义词的现象，是因为商务面向的是整个社会，接触的是全体公民、各类机构、团体等，表示其商务关系的概念也就必然有大有小，有类有种。在使用这些概念的过程中，为了明确其外延的范围，就必须从不同角度、不同层次上根据其各自不同的属性进行划分，然后用适当的词语加以确定，以避免理解上错误地扩大或缩小概念的内涵。这样，就产生了不同层次上的类概念和种概念，而表示这些概念的词语就是不同层次上的类义词。

典型的商务语体是一种明确可靠且具有权威性，能用来管理商务界、调节市场的语言，它由专家按照固定的模式加以编制并进行解释。因此，商务术语还有简约的特点，其突出的表现就是缩略词的大量运用。与此同时，随着网络技术的高速发展和商务竞争的白热化，远隔重洋的买卖双方可以通过视频电话、发送电文等方式进行商务谈判，这就要求语言简明扼要、便于记忆和记录。为此人们创造了大量缩略词，广泛应用于招商引资、劳务输出、国际贸易、国际金融、国际经济技术合作、国际旅游、海外投资等商务领域。缩略语造词简练、信息容量大、使用方便，能用比较少的词语传达更多的信息。例如：

EPS（earnings per share） 每股收益

VAT（value added tax） 增值税

FPA（Free from Particular Average） 平安险

CAR（Contractor's All Risk） 建筑工程一切险

AAR（against all risks） 全险

BSC（bunker surcharge） 燃油附加费

CAT（catalogue） 商品目录

D/A（documents against acceptance） 承兑交单

D/O（delivery order） 提货单

FOB（free on board） 离岸价格

P.O.D.（pay on delivery）　　货到付款

S/O（shipping order）　　装货单

缩略语造词简练、信息容量大、使用方便，能用比较少的词语表达出丰富而复杂的内容，传达更多的信息。但在使用缩略语的时候，有一点必须注意：有些缩略语在不同的语境里会有不同的指代。例如：TSE 既可以指 Tokyo Stock Exchange（东京证券交易所），也可以代表 Toronto Stock Exchange（多伦多证券交易所）。

（3）词语的历史性和与时俱进性

语言是社会现象，是全民的，没有阶级性。语言在人类社会发展的一切阶段都是全民的交际工具，它是人类共同创造并使用的，对全社会统一，而且一视同仁地为社会全体成员服务。因此，语言中的一些词汇作为语言的基本符号，从古至今一直被沿用，商务活动中同样选用了一部分旧的词汇，并且包括了古代的商务术语。例如：汉语中的“租赁”“折旧”等，英语中的 lease，bill 等。社会继承和使用这些旧的商务术语，是因为它们在长期的使用过程中已经具备了公认的特定含义，没有必要另外创造新的术语。另外，在有些情况下，如果硬性改换沿用已久的术语还会造成错误。例如：在银行业务术语中“票根”应该是 drawing advice（开票通知），但如果改成 counterfoil，表面上似乎正确，事实上却有了本质的区别，因为 counterfoil 表示票据开出或撕下以后保留的存根。此外，商务英语多涉及商务函电、经贸合同和各种协议，由于这些文本对买卖双方均有法律效力，为体现法律的权威性和严密性，用词要正式、规范、严谨，甚至经常使用一些在其他英语语体中很少或不再使用的古体词。其中出现最多的是以 here、there、where 为词根，分别加上 after，at，by，from，in，of，to，under，upon，with 等一个或几个介词共同构成的复合副词。例如：

hereafter	自此	hereby	特此，兹
herein	于此	hereof	在本文中，关于这点
hereto before	迄今为止	hereupon	随即
thereafter	其后	thereby	由此
therein	在其中	thereinafter	在下文中
thereof	其中	thereon/upon	在其上

thereto	随附	there under	在其下
whereas	鉴于	whereby	凭借
wherein	在那儿	whereof	特兹

这类词多见于商务合同文本。在英语商业文书中，常常用到严谨而规范的书面语，这些虽然用词正规却显得累赘。例如："acknowledge""advise""utilize""by means of""in view of"。此外，常以短语代替单个词的使用。例如："true facts""my personal opinion"，而对应的汉语却很精练。因此，在汉语商务文书中，常可见到以"系""度""拟""予"等古词语构词，以及"洽商""鉴于""函告""查收"等合成动词。例如：We feel that the price you quoted is to be found on the high side，with a view to the long friendly relations between US，we may accept a 10% reduction in price. 译文：我方觉得你方所报价格偏高，鉴于我们之间的长期友好关系，我方还是可以接受贵方下调 10%的价格。

19 世纪以来，人类在自然科学和社会科学方面取得了突飞猛进的发展，新产品、新思想不断涌现。科学的发展也必然在金融领域反映出来，随之而来的就是新的商务术语的出现。例如：

e bank	电子银行	e commerce	电子商务
e money	电子货币	cyberstore	网店
cybershopping	网上购物	cybercard	网卡

cyber-trade 网上交易

随着社会的不断发展和国际交往的日益频繁，我国的商务界必将进一步健全、完善和发展。在这一过程中，不可避免地要借鉴先进国家的经验，援用其他国家商务工作使用的某些商务术语，尤其是国际交往中通用的商务术语，如"破产""法人"等。

例 1：If all the terms and conditions in the credit are not complied with，the exporter may ran the risk of his draft being dishonored by the bank.

译文：如果信用证的条款不一致，出口商的汇票有可能遭到银行拒付。

解析：该句中"terms and conditions""credit""draft"和"dishonor"均为国际贸易术语。其中，"terms and conditions"意为"条款"；"credit"在此句中表示"信用证"；而"draft"意为"汇票"；"honor"在商务英语中是"兑现、

承兑”的意思，而此句中的“dishonor”是“honor”的反义词，是指“不兑现、拒付”，而不是“玷辱、使蒙羞”之意。

例 2：For payment：please send draft for acceptance，at maturity we will cover you in accordance with your instructions.

译文：付款：请将汇票交我方承兑，到期时，我们将按照贵方的要求向责方付款。

例 3：Insurance on the goods shall be covered by us for 110% of the CIF value，and any extra premium for additional coverage，if required，shall be borne by the buyers.

译文：将由我方按照到岸价的发票金额 110%办理该货的保险，如果需要，额外增加的保险的费用将由买方承担。

解析：例 2 中，“cover”出现在支付的语境中，表示“付款给某人、支付……费用”，可译为“支付、付款给某人”。而在例 3 中，“cover”出现在保险语境中，表示“投保……险、对……保险”。“coverage”为“cover”的派生词，作名词，在保险业中的含义是“保险、险别、投保”，例如，Risks & Coverage“险别”，increasing coverage/extending coverage“加保”，renewing coverage“续保”等。

可见，在商务英语中，术语的使用十分广泛，有些术语仅仅出现在特定的商务文体中，还有很多的术语是普通词汇在商务文体中的专用，在不同的商务场合具有不同的含义。因此，在翻译时，要根据该术语出现的具体语境，在充分理解其在句子中的特定含义的基础上，结合一定的商务知识，灵活地选用恰当的汉语词汇来表达。

二、多用模糊修辞

模糊修辞并不是指词汇意义模棱两可或具有歧义，而是一种特殊的选词方法。模糊修辞的运用没有明显的目的性，有利于表达弦外之音，缓解双方的尴尬从而为商务洽谈留下可回旋的余地。例如：

What you mentioned in your letter in connection with the question of agency has had our attention and we shall give this matter careful consideration and shall revert to it later on.

本例中的 has had our attention（予以注意），shall give this matter careful consideration（将予以认真考虑）和 revert to it later on（以后再谈）均属于模糊修辞。这种表达方式既没有明确同意，也没有明确拒绝，而是巧妙地将现在难以回答的问题推脱掉，一方面利于对方的接受，另一方面也为后续的合作打好了基础。

As for goods Article No.120，we are not able to make you orders because another supplier is offering us the similar quality at a lower price.

若直接点明对方价格偏高，很可能使对方难以接受。本例婉转地使用 another supplier（另一供货商）来向对方暗示自己的态度，从而避免了尴尬局面。

三、缩略语现象普遍

英语缩略（语）用简单的几个字母可以表达出复杂的含义，具有言简意赅、快速捷达的特点。国际商务活动是一种跨国活动，随着电报、电话和电传的发明，国际贸易、国际金融、国际经济合作等得到了迅速的发展，远隔重洋的双方用电话交谈、发送电文，均要求简明扼要，便于记忆和记录。尤其是在全球经济趋向一体化的今天，为了省时节费，提高办事效率，人们在交际中力求浓缩快捷、言简意赅。因此，商务语域里的人们创造并使用着大量的缩略语。如：IMF（International Monetary Fund）“国际货币基金组织”；ADB（Asia Developing Bank）“亚洲发展银行”；SHIPMT（shipment）“装运、装船”；MEMO（memorandum）“备忘录”；pro（professional）“专业人员”等。商务英语缩略语的构词方法很多，其简化方式，概括起来主要有如下几种。

（1）首写字母构成的缩略语

这种缩写法多用大写字母，字母之间可用或不用缩写号。这是一种最常见的缩写法，常常用于组织名称、票据名称、作品名称、说明书和价格术语等专有名词的缩写，一般按字母读音。例如：

NIC（National Information Centre）　　国家信息中心

ISP（Internet Service Provider） 网络服务商

BE/B.E.（bill of exchange） 汇票、交换券、国外汇票

EMP（European Main Port） 欧洲主要港口

EEC（European Economic Community） 欧洲经济共同体

（2）谐音缩略法

即根据单词的发音，用一个或数个字母来代替。利用同音或近音字母组成缩写词。这种缩写法常用于单音节词和少数双音节词转化为同音字母的缩写词，按拼音或字母读音。例如：

BIZ（business） 商业、业务、交易、生意

R（are） 是（或助动词）

U（you） 你

UR（your） 你的

WUD（would） 会、情愿

THRU（through） 通过，经过

OZ（ounce） 盎司

（3）截词缩略法

截词缩略法是通过截略原词的一部分构成缩略语的方式，这是缩略语最常用的构词方法，截词缩略法又可细分为以下几种情况：

第一，保留字首、去掉字尾来缩写。即一个单词，只保留头几个字母，去掉后面的字母。如果是词组，则取各个单词的头一个或几个字母组成缩略语，如：

ACK（acknowledge） 承认；告知……已收到

BAL（balance） 余额

INV（invoice） 发票

PRO（professional） 专业人员

ASAP（as soon as possible）尽快

AKA（aS known as） 正如你所知

第二，取单词的首尾字母，去掉其中间部分组成缩略语。即去中间，留两头。例如：

AMT（amount） 数量

AIRD（airmailed）已通过航空邮件寄出的

FRT（freight）　　货运

LN（london）　　伦敦

第三，取合成词的两部分中的第一部分。

例如：

micro（micro computer）　　微型计算机

post（post code）　　邮政编码

第四，取几个词的首部组合而成。

例如：

INCOTERMS（International Commercial Terms）　　国际贸易术语解释通则

Contac（continuous action）　　“康泰克”感冒药

Nabisco（National Biscuit Company）　　美国饼干公司

第五，以辅音为核心组成缩写词。以辅音为核心构成的缩写词（并列的两个相同的辅音字母只用一个），这类缩写法主要用于单词的缩写。它包括：利用所有的辅音字母构成缩写词；利用词首的元音字母和其后所有的辅音字母构成缩写词；利用单词的第一音节和第二音节的第一辅音字母构成缩写词；利用第一和第二音节及第三音节的第一辅音字母构成缩写词；利用第一音节和其后所有的辅音字母或部分重要的辅音字母构成缩写词;利用单词首尾两个辅音字母构成缩写词;利用每个音节的第一辅音字母及该词的最后一个辅音字母构成缩写词等。这类缩写词可用大写字母，也可用小写字母，或用大写字母带出小写字母，一般按字母读音，也可拼读。如：

MKT（market）　　市场

PCS（pieces）　　匹、件、块、片、张、部分

PLS（please）　　请

ACDNT（accident）　　事故、意外事故

INFM（inform）　　通知、向……报告

（4）符号缩略法

符号缩略法是指用符号来代替相应单词的方式，这种方法形象简洁、一目了然，运用也十分广泛。这类缩略语通常用于表示单位，如：

货币单位 $（dollar）/ £（pound）/ ￥（RMB）

（5）代号缩略法

代号缩略语找不到原词的痕迹，它们实际上是一种代号，如：

C（medium narrow）　　中号窄幅——男鞋宽度

F（with free-board）　　限制吃水的——海运

Z（Greenwich Mean Time）　　格林威治平均时

（6）利用外来语构成缩略语

外来语的缩略语在英语中也有很广泛的应用。在英语中，借用外来语的缩略语有借自于拉丁语、西班牙语、瑞典语、挪威语、法语、德语等语种。如：

CONG（Congius）　　加仑 [拉丁语]

LO（LandsorganisasjoneniNorge）　　挪威工会联合会 [挪威语]

FIL（FeiraInternacionaldeLisboa）　　里斯本国际博览会 [葡萄牙语]

商务英语缩略语和自然词交织在一起使用，和普通英语词汇一样，缩略语具有同等的句法功能，但习惯上不用作谓语。

四、名词化现象

商务语篇有明显的互文性，它将多种语类混合在一起，与其他类型的语篇相比较，在正式程度上有区别，而越正式的书面语，使用的名词化就越多。因此，符合书面语、正式语体的表达需要的名词化结构在商务语篇中大量存在。名词化结构可以压缩冗长的概念、定义、法律条文、契约条款等，使之成为意义更加明确、概括更加全面的陈述；还可以体现各种事件的逻辑关系，或创造形容词的空间，使之成为更有条理、更加生动的描述。例如：

（1）① If the contracting parties are scarce dispute with each other，they shall settle the disputes through…

② Should there be any dispute between the contracting parties，they shall besettled through…

译文：缔约方之间产生的任何纠纷，应该通过……解决。

解析：在①句中，“dispute with each other”体现了过程；在②句中，名词

化的“dispute”有“to dispute with each other”的过程意义，但已省略了过程的执行者。这样语义上就具备了客观性、公正性和简洁性，符合商务合同文体的特殊交际用途。

（2）①That the resources are scarce will lead to more rationing of services and hard choices.

② Scarcity of resource will lead to more rationing of services and hard choices.

译文：由于资源缺乏，服务行业将更多地实施限额配给，人们将面临艰难的抉择。

解析：在②句中，名词化结构作句子的主语，“Scarcity of resource”相当于一个简化了的主语从句“That the resources are scarce”。相比之下，②句的语言更加简洁。

（3）An increase in savings will result in a greater supply of money，shift the supply curve to the right and establish lower interest rates.

译文：储蓄的增长使货币的供应量增加，导致供应曲线右移，利率下降。

解析：句中的“An increase in savings”是名词化词组，充当了句子的主语，还用于体现因果关系。

（4）Restrictions require a minimum monthly repayment，at present 3 percent of the balance outstanding.

译文：条例规定要求每月最低还款金额为目前每月偿还余额的3%。

解析：句中的两个名词化结构restrictions和repayment有to restrict和to repay的过程意义，但已省略了过程的执行者，在语义上就具备了客观性、公正性和简洁性，符合商务英语文体的特殊交际用途。

五、具有商务内涵的普通词

不少普通的词语在商务英语中被赋予了专业词汇的意义。例如：proposal form，在日常英语中proposal意为提议、提案，在保险英语中被引申为投保单；policy在日常英语中的中心意义是政策、方针，但作为保险专业词汇时意为保单；pool由池塘转义为组合基金，common pool意为共同基金。

此外，在商务合同中，一些表示通常意义的词也可能具有非常意义，如表3-1 所示。

表3-1　通常意义的词可能具有的非常意义

商务合同词	通常的意义	商务合同中的意义
action	行动	诉讼
alienation	疏远	转让
assign	分派	转让
avoidance	逃避	宣告无效
construction	建筑	解释
defense	防卫	抗辩（理由），被告方
determination	确定	终止
discovery	发现	调查证据
dishonor	耻辱	拒付
distress	危难	扣押货物
execution	执行	（合同等的）签订
limitation	限制	时效
0mission	省略	不作为，不行为
prejudice	偏见	损害
satisfaction	满意	清偿，补偿
specialty	专长	盖印合同
subject matter	主题	标的物

对于这类词语，在翻译时必须特别关注。例如：

（1）The compensation will cover the whole loss.

译文：此项赔款足以抵消全部损失。

该句的“cover”在普通英语中表示“覆盖、包括”等含义，而在商务英语中则表示“清偿、抵消”之意。

（2）When opening new accounts it is our practice to ask customers for trade references.

译文：在开立新账户时，敝公司有一例行公事，即向客户要求商业证明人。

上句中的“references”在普通英语中作“关于、参考”解释，但在商务英语中指“信用、能力等的证明人”。

（3）We have to request you to do business on the basis of confirmed, irrevocable L/c payable at sight.

译文：我方不得不要求你方在保兑的、不可撤销的即期信用证的基础上进行这笔交易。

这里的 confirmed 和 at sight 在普通英语中的意思分别为“确认”和“看见”，但在商务英语中却有着特殊的含义，在此句中，分别指“保兑的”和“即期的”。

六、新词汇层出不穷

近年来，社会的发展逐渐加快，新生事物层出不穷。为了满足表达的需要，新词新语不断涌现并渗透到语言的各个领域。商务英语也必然将这些新的词汇吸收进来，以使自己的表达更加丰富、准确。例如：

B2B（business to business）	商业机构对商业机构的电子商务
C2C（consumer to consumer）	消费者之间的网上交易
credit-crunching	紧缩信贷
deflation	通货收缩
E-business	电子商务
euro	欧元
knowledge-based economy	知识经济
pink-collar worker	粉领
rebuilding of stocks	吃进库存
soft-landing	（经济的）软着陆

需要注意的是，任何一种语言中的新词汇都不是凭空而来的，很多都是以普通词汇为基础并遵循一定规律构成的。因此，在理解这些新词汇时必须考虑具体的语境因素。例如：

Our company has a clean balance sheet and is confident the bank will approve a loan.

我们公司的资产负债表上没有债务，相信能获得银行的贷款。

本例中，"clean" 的本义是"干净的"，但在本句中其具体含义为"没有债务"。

第二节　跨文化视角下商务英语的句法特征

一、商务英语的表述

与日常英语相比，商务英语的表述追求精确和严密，其突出的特点是客观公正、不带主观色彩。因而句子中人称主语出现得较少，被动语态使用较多，无人称的使用突出了文本的内容而不是强调文本的产生者和接受者，可以避免给人以主观臆断的感觉，使文本表现得更为客观、正式、真实可信、语气更加委婉。

（1）Business contracts can be classified according to their validity into several categories：valid，void，avoidable or illegal.

译文：商务合同按照其效力不同可以分为以下几种：有效的、无效的、可撤销的、违法的。

同时，在没有具体人物执行某一动作，或表达重点在于动作本身而不在动作执行者的情况下，把动词转化为抽象的名词可以体现商务合同英语庄重刻板的文体特点。名词化结构语言简练，结构严谨，表意简洁，同时也保证了文本的客观真实，因此名词化结构的使用日益广泛，它不仅挤掉了其他一些词类，而且顶替了很多语法结构。例如：Smuggling of goods whose import or export are subject to prohibitions，which constitutes criminal offences，shall be subject to…（走私禁止进出口的货物，构成犯罪的，依照……）

汉语属于意合语言，重视内在的逻辑关系而不是形式的屈折变化，在语态上表现为受事格施事化倾向。大部分情况下，汉语靠主动句的语义逻辑来显现被动意义，按照汉族人的思维方式，即使是受事者做主语，也常用主动形式来表达被动意义。例如："项目做好了""合同完成了"等。由于汉语中被动结构用得较少，商务翻译时，在遣词造句方面应注意原文的语气特点，努力保持英语中被动结构体现的礼貌、委婉和严谨，传达出被动语态的语用功能。

（2）Your firm has been recommended to me by Mr Charles，with whom we have done business for many years.

译文：与敝公司有多年生意来往的查尔斯先生向在下推荐了贵公司。

（3）Your early reply will be highly appreciated.

译文：如蒙早复，不胜感激。

（4）The workers have been given a clear mandate for industrial action over the re-negotiation of employment contracts.

译文：工人们得到了明确授权，准许他们围绕就业合同重新开始谈判并采取行动。

（5）After the said license is approved，we shall establish an L/C in your favor.

译文：许可证获准后，即开立以你方为受益人的信用证。

二、商务英语基本句型

商务英语基本句型是对英语语言中的句子，通过特定的研究方法进行概括后所得到的模式。这些模式是语言使用者普遍使用，并可以作为规则加以习得，然后通过对这些有限的基本句型直接生成或进行转换、扩展，产生各种不同结构的句子，从而达到交流的目的。商务英语句型结构是以动词为核心，通过词与词之间的关系组合来生成不同的类型。

（一）商务英语简单句

只包括一个独立分句的句子就是简单句。换句话说，简单句里只包含一个"主语"与"谓语"的组合，即一套主谓结构。根据动词与搭配关系的不同，商务英语简单句又可以细分为五种：主谓结构、系表结构、主谓宾结构、主谓双宾结构、主谓宾宾补结构。

1. 主谓结构

主谓结构的框架是：subject（主语）+intransitive verb（不及物动词）。

在主谓结构的简单句中，谓语常与一些副词、副词短语或介词短语搭配在一起且不能带宾语。例如：

In other developing regions，export volumes grew at a more moderate pace，close to that of the G-7，but gains from the terms of trade boosted the purchasing power，and consequently their imports. Overall，the share of developing countries in global trade rose from 29 percent in 1996 to 37 percent in 2006.

本例的第二个句子中，share 是主语，rose 是不及物动词。

2. 系表结构

系表结构的框架是：subject（主语）+link verbing（系动词）+subject complement（主语补语）。在系表结构的简单句中，主语补语又称“表语”。具体来说，介词短语、形容词、名词、动词不定式或分词等都可以充当表语。

例如：

Among the developing regions，East and South Asia were clearly the most successful in increasing exports（by volume），at rate of about 160 percent，despite a deterioration in their terms of trade.

本例中，East and South Asia 是主语，were 是系动词，the most successful 是主语的补语。

3. 主谓宾结构

主谓宾结构的框架是：subject（主语）+monotransitive verb（单宾动词）+ object（宾语）。本句型的谓语动词是及物动词或动词短语，宾语是动作的承受者或结果。能作宾语的有：名词、代词、动名词、动词不定式或从句等。例如：

IT systems and administration，and the resulting synergies and economies of scale will produce cost savings; strengthen the financial position of the integrated market operator.

本例中，IT systems and administration，and the resulting synergies and economies of scale 是主语，第一个单宾动词 will produce 后面跟 cost savings 作宾语，第二个单宾动词（will）strengthen 后面跟 position 作宾语。

4. 主谓双宾结构

主谓双宾结构的框架是：subject（主语）+ditransitive verb（双宾动词）+ indirect object（间接宾语）+direct object（直接宾语）。

在主谓双宾结构的简单句中，宾语有两个，一个是直接宾语，另一个是间接宾语，二者缺一不可。需要注意的是，直接宾语有时可以位于间接宾语之前，此时在间接宾语前应使用相应的介词。例如：

Under the agreement，American Express Bank will sell $630 million worth of mortgages to the HKMC Funding Corp a special purpose company set up to buy mortgages from banks under the MBS program.

本例中，American Express Bank 是主语，will sell 是双宾动词，$630 million worth of mortgages 是直接宾语，HKMC Funding Corp 是间接宾语。

5. 主谓宾宾补结构

主谓宾宾补结构的框架是：subject（主语）+complex transitive verb（复合动词）+object（宾语）+object complement（宾语补语）。

在主谓宾宾补结构的简单句中，宾语与宾语补语之间存在一种逻辑上的主谓关系。例如：

Investor Participants may still instruct HKSCC Nominees through the CCASS Phone System to vote on their behalf by inputting the voting instructions in respect of their shareholdings.

本例中，Investor Participants 是主语，may instruct 是复合动词，HKSCC Nominees 是宾语，to vote 是宾语补语。

（二）商务英语并列句

英语的并列句主要由并列连词 and，but，or，than 等把两个或两个以上简单句连接起来的句子，各分句之间是一种平行或并列关系。概括来说，商务英语并列句包括三个类别：表关联的并列句、表列举的并列句、表让步和结果的并列句。

（1）表示关联的并列句

表示关联的并列句通常由 and，both…and…，either…or…，neither…nor…等并列连词将两个或两个以上的分句连接在一起。例如：

In 2008，China's total export volume of juice beverage decreased to 794000 tons and the export value reached USD 1.26 billion，dropping by 30.4% YOY and 7% YOY separately.

（2）表示列举的并列句

表示列举的并列句通常由 namely，that is，such as，for example，for instance 等词组来进行列举。例如：

Apart from the products of several enterprises such as Huiyuan，Coca-Cola and Pepsi that sell well all over China，most other enterprises can only sell their products in regional markets.

（3）表示让步和结果的并列句

表示让步和结果的并列句常使用 yet，but，hence，however，therefore，consequently 等连接词。从语义角度来分析，后面的分句是前面分句的某种结果，或者分句之间存在一定的语义冲突。例如：

It is clear that，to date，only a small number of developing countries and economies in transition are participating in the process of R&D internationalization. However，the fact that some are now perceived as attractive locations for highly complex R&D indicates that it is possible for countries to develop the capabilities that are needed to connect with the global systems of TNCs.

（三）商务英语复合句

复合句是由主句 + 从句构成，它是英语中比较复杂的句子结构。一般来说，英语中一个句子只能有一个主谓结构或动宾结构，如果出现两个主谓结构或动宾结构，那么其中一个主谓结构或动宾结构只能以从句的形式或并列句或分词短语的形式出现。所谓从句是指从属于主句的句子，它是主句中的一个句子成分，另外从句必须由引导词即关系代词或关系副词引导。

概括来说，商务英语复合句中的从句主要包括三种：名词性从句、定语从句和状语从句。

1. 名词性从句

宾语从句、表语从句、主语从句、同位语从句等都属于名词性从句。一般来说，名词性从句由疑问代词（如 what，who 等）和疑问副词（如 where，when，how，why 等）来引导。在某些情况下，if，whether 等连接词也可以用来引导名词性从句。例如：

The Committee members discussed the issue of uses of balance of payments statistics in their various countries and suggested that further work be undertaken by IMF.

本例中，“The Committee members discussed… and suggested…”是主句，“that further work be undertaken by : IMF”是 suggested 的宾语从句。

2. 定语从句

当一个句子在复合句中作定语时，这个句子就是定语从句。定语从句常由 which，that，whose，who，whom，where，when，why 等来引导，其中最常用的是 which 与 that。

定语从句所修饰的词叫先行词。根据定语从句与先行词之间亲疏关系的不同，定语从句可以分为限制性定语从句和非限制性定语从句。

（1）限制性定语从句

限制性定语从句对所修饰的先行词起限制作用，与先行词的关系较为密切。换句话说，如果缺少定语从句，主句的意思就不完整或者会出现逻辑错误。因此，限制性定语从句紧跟先行词，二者之间不能使用逗号。例如：

The purpose of the Joint Venture is to adopt advanced technologies and efficient management systems to produce Licensed Product which shall be of top quality and competitive in the world markets，so as to achieve satisfactory economic returns.

（2）非限制性定语从句

非限制性定语从句对先行词不起限制作用，只是对被修饰语加以叙述、描写或解释，通常用逗号隔开。将非限制性定语从句删除后，主句的意义几乎不受影响。因此，非限制性定语从句与先行词之间常通过逗号进行分隔。例如：

A Hainan Airlines baggage attendant decided that his personal signature would be to collect all the luggage tags that fall off customers' suitcases，which in the past have been simply tossed in the garbage，and in his free time send them back with a note thanking them for flying Hainan. A senior manager with whom I worked decided that his personal signature would be attaching Kleenex to memos that he knows his employees won't like very much.

3. 状语从句

当一个句子在复合句中作状语时，这个句子就是状语从句。具体来说，商务英语中的状语从句主要包括条件状语从句、时间状语从句、原因状语从句、目的状语从句、让步状语从句、结果状语从句等。

（1）条件状语从句

条件状语从句是表示主句动词发生的前提或条件的从句。条件状语从句分为真实条件状语从句和非真实条件状语从句。引导条件状语从句的有 if（如果），unless（如果不），as（so）long as（只要），on condition that（条件是……），in ease（假使），provided/providing that（如果，只要，假如），suppose/supposing that（如果，只要，假如）等。例如：

If any change is required regarding the terms and conditions of this agreement，then both parties shall negotiate in order to find a suitable solution，provided，however，that any change of this agreement shall be subject to the approval by the government of both parties.

（2）时间状语从句

时间状语从句常由一些表示时间的连词如 when，before，after，as，while，

since，until 等引导，用来对某一动作发生的时间进行描述。例如：

After we trove checked the L/C carefully，we request you to make the following amendment：“Partial Shipment and Transshipment Allowed.”

（3）原因状语从句

原因状语从句常由 because，since，as，for 等表示原因的连词来引导，用来说明主句表达的内容的理由与根据，或说明主句动词所表示的动作或状态的原因。例如：

Because small foreign cars could be produced at less cost than the larger cars made in the United States，they captured a significant share of the American market. To compete with foreign cars，American manufacturers began to produce compacts. When the U.S. dollar was devalued on the international market the cost of a foreign car to an American buyer rose proportionately，and the American compacts could now be sold for less than their foreign competitors.

（4）目的状语从句

目的状语从句常由 so that，in order that，to the end that 等来引导，用来说明主句状态或动作的目的。例如：

An effective management will review on a regular basis whether they should continue to hold the security or sell it. Thus，in order that management's performance can be measured，it is appropriate to classify the security as other investment regardless of the period of holding and carry it at fair value in accordance with paragraph 24.

（5）让步状语从句

让步状语从句表示在某种相反的条件下，主句中的情况依然会出现。引导让步状语从句的有 although/though（虽然），while/as（尽管），even if/though（即使），whatever/no matter what（无论什么），whenever/no matter when（无论什么时候），however/no matter how（无论怎样），wherever/no matter where（无论在哪里），whoever/no matter who（无论是谁），whichever/no matter which（无论哪一个），whether…or（不论……还是）等。

例如：although，though 这两个词意思一样，都解释为“虽然，尽管”。

although 比 though 正式。

① although 指事实，多用于句首，多数情况下可与 though 换用

Although he is young， he is very clever.

他尽管年轻，但很聪明。

Although his illness had prevented him from studying，he managed to pass the exam.

尽管病情妨碍了他学习，但他还是通过了考试。

It was an exciting game，although no goals were scored.

那是一场精彩的球赛，尽管一个球都没进（although 也可放在主句之后）。

② though 既指事实，又指设想。可用于句首、句中或句末。

Though he is poor，he is happy.

他虽然穷，但很快乐。

I haven't checked the information yet，though i think it is correct.

我还没有核实这份资料，但我认为它错不了。

My house，though it is large，is also made of stone and wood.

我的房子虽然大，但是也是用石头和木料建成的。

（6）结果状语从句

结果状语从句常由 so…chat，such…that 引导，用来表示主句内容所产生的结果。例如：

The boy is *so* young *that* he can't go to school.

His plan was *such* a good one *that* we all agreed to accept it.

三、商务英语特殊句型

商务英语中的特殊句型主要包括比较句型、被动句型和存在句型。这些特殊句型具有表达简练、适用面广、使用频率高的特点。

（一）比较句型

比较结构表示两人或两物在性质、特征、程度、数量、大小等方面相等、相近、不同等概念。在国际商务实践中，运费比较、价格比较、产品质量比较以及

其他数据的比较等是司空见惯的现象，因此比较句型常出现在商务英语中。根据比较点、比较范围、比较方式等方面的差异，商务英语中的比较句型可以分为五种：等比句型、差比句型、比例句型、对立比较句型和极比句型。

1. 等比句型

等比句型常通过 as much as，no less than 等比较人或物在性质、特征等方面的某些相似之处。例如：

Meanwhile，Thai newspapers reported yesterday that HSBC will buy 75 percent of Bangkok Metropolitan Bank for as much as 40 billion baht（HK $8.03 billion）.

GREGATE CONSIDERATION Term Fat has represented and warranted that the audited consolidated net asset value of Tem Fat Hing Fung（B.VI.）Limited as at 3lst December，1997（ “December NAV” ）will be no less than HK $56000000. In the event that the December NAV is less than HK $56000000，Tem Fat will refund to RNA an amount equal to the shortfall as an adjustment to the consideration.

2. 差比句型

差比句型用于对两个人或事物之间的差别进行比较，其中包括两个方面：一个是优等比较，即“甲胜于乙”，另一个是次等比较或劣等比较，即“甲不如乙”。

例如：

A broker said the counter still had strong European institutional interest. Another broker noted that in contrast to earlier in the year，HSBC was favoured more by local than European in Vestors. SmarTone dropped 5.99 percent to $20.40.It has shed 17.4 percent since Thursday，when Hutchison Telecom made sweeping cuts to its mobile.

In the coming years，Asia is going to have to use its own savings much more productively than in me past to achieve growth.That’s because there will be much less foreign savings flowing in than prior to the crisis.That’s not bad news.

3. 比例句型

比例句型通常用于表示前者与后者的正向或负向比例关系，即前者与后者在程度上的变化关系。比例句型常使用 the more…，the more…的结构。其中，逗号前的部分是从句，关系副词 me 表示 by how much；逗号后的部分是主句，指示副词 the 表示 by so much。例如：

"More important，it enhances China's international status." Party spokesman Sin Chung-kai said："Past experience shows the more China opens up the more been it brings to Hong Kong." He said worries that Hong Kong would lose its intermediary role were unfounded.

4. 对立比较句型

对立比较句型常使用 by contrast，unlike，in contrast to，on the contrary on the opposite side 等来表示两个事物互相对立的状况。例如：

The company has recruited more staff since the onset of the financial crisis.We did not lay off any staff because of the economic crisis.on the contrary，our workforce has increased by 20 percent since then.The newly recruited are brokers and information technology personnel，Mr Chan said. "We will diversify the portfolios in our Greater China Region fund to include Growth Enterprise Market-related stocks，red-chips and technology-related stocks.We will not only focus on technology-related stocks as we think technology is still a high-risk area，" he said.

The forecast is a substantial reversal of the IMF's previous stance on Hong Kong in April，when its last report predicted a 1.3 percent contraction in GDP this year. It is also in contrast to the Asian Development Bank's stance，while saw its GDP forecast for Hong Kong downgraded last week to a contraction of 0.5 percent this year.

5. 极比句型

极比句型表示某一事物在一定范围内最突出或某一动作达到最高程度，通常要带一个表示范围的词组。例如：

J.P.Morgan & Co. Inc. closed down 4-3/8 at 109-1/2；American Express Corp was down 3-1/4 at 142 and Citigroup Inc.closed off-11/16 at 43-13/16. Retail clothing chain Abercrombie & Fitch Co. was the most actively traded stock on the NYSE， falling 6-3/8 to 26-3/16 after it said October sales slumped but was still comfortable with its third-quarter profits estimates. Oil stocks had a strong day, however, as oil prices rose following a bullish report late Tuesday.

（二）被动句型

被动句的结构实质是，某事或某人是受动者，即主语要承受某种动作（指谓语动词）所施加的影响。由于被动态的结构特点，因此被动句大都用于表达事物的客观状态。如果一个句子中的主语是谓语动词所表示动作的承受者，那么主语与谓语之间就是被动关系，这个句子就属于被动句型，其基本结构是“主语+be+过去分词”。

在具体的商务英语实践中，被动句型常会发生一些变形，具体包括以下 7 种。

（1）subject（主语）+verb（动词）+to be+past participle（过去分词）+…（其他成分）

这种结构中通常有两个动词，第一个动词对句意的表达起辅助作用，并使用主动形式；第二个动词用来表达全句的主要内容，使用被动形式。例如：

There are possible differences of objective and culture. “While bankers always want to be considered as gentlemen, they consider insurance sales staff as non-gentlemen.There are operational difficulties in getting them to work together,” Mr. Westall said.

本例中，bankers 是主语，want 是动词，to be considered 是被动形式。

（2）subject（主语）+be+past participle（过去分词）+preposition/adverb（介词或副词）+…（其他成分）

这种结构中的介词与副词可使句意更加准确、完整。例如：

The International Monetary Fund has suspended talks on its bailout instalments to Jakarta, and it has been announced publicly that the Asian Development Bank will hold up further loans until the Bank Bali case is cleared up.

本例的第二个分句中，it 是主语，has been 是系动词，announced 是过去分词，publicly 是副词。

（3）subject（主语）+be+adjective（形容词）+to be+past participle（过去

分词）+…（其他成分）

这种结构属于合成谓语的被动句型。其中，“be+adjective”起辅助说明作用，第二部分则是被动说明部分。例如：

Hong Kong dollar due to the linked exchange rate system，would lead to further improvement in the terms of trade，that is，the ratio of export prices to import prices；but export volume growth is likely to be affected by the deterioration in export price competitiveness.As a result，total export volume growth might at best average only 10，124，512 On 1997. A strong dollar would also imply lower inflationary pressures in Hong Kong as import prices are likely to be…

在 but 引导的分句中，growth 是主语，is 是系动词，likely 是形容词，affected 是过去分词。

（4）it+be+past participle（过去分词）+real subject（that，who，where，when 等真正主语）+clause（从句）

在这一结构中，that，where，who，when 等词引导的是真正的主语，而 it 只是形式主语。当主语过长，使用主动句易使句意重心偏离或句子结构失衡时，应使用本句型。例如：

It is reported that Standard and Poor’s，an international credit rating agency，have forecast that the percentage of bad and doubtful debts against the total amount of loans（referred to as “bad/doubtful debt ratios” below）made by banks in the territory would probably increase to more than 10 this year.

本例中，it is reported 构成了句子的主干，that 引导的句子是真正的主语。

（5）subject（主语）+be+past participle（过去分词）+object（宾语）+…（其他成分）

这一结构由“主谓双宾结构”转化而来。“主谓双宾结构”中的直接宾语与间接宾语都可以充当被动句型中的主语。当双宾之一充当主语后，另一宾语应在原来的位置上继续保留。例如：

Disciplinary procedures adopted by the Commission are designed to ensure that a person is given a proper opportunity of being heard. Once the Commission makes a tentative decision to make a disciplinary order against a person he is informed by letter of the facts and circumstances upon which it is based.

在第一个句子中由 that 引导的分句中，a person 是主语，is 是系动词，given 是过去分词，opportunity 是宾语。

（6）subject（主语）+be+past participle（过去分词）+subject complement（主语补足语）+…（其他成分）

这一结构由“主谓宾宾补结构”转化而来。其中，“主谓宾宾补结构”中的宾语补足语相应地变为被动句中的主语补足语。例如：

Within 7 business days after a person is appointed or ceases to be appointed as a director of a registered financier，the financier must give written notice to the Commission of the appointment or cessation of appointment and the person's name and address.

本例第一个逗号前是一个介词短语，其中包含了一个由 after 引导的时间状语从句。其中，a person 是主语，is 是系动词，appointed 是过去分词，a director 是主语补足语。

（7）subject（主语）+be+past participle（过去分词）+to be past participle（被动不定式）+…（其他成分）

这种结构常由 order，expect，allow，suppose，report 等担任谓语动词。因同时包含谓语动词的被动形式与动词不定式的被动形式，这一结构又被称为“双重被动句”。例如：

“We are now forecasting a lending volume of US $1.6 billion in the fiscal year of 2000，” Mr. Severino said. The reduction is expected to be attacked by World Bank critics，who are likely to argue the bank cannot insist on continued reforms by Beijing while cutting off assistance vital to such efforts. In the bank's latest quarterly East Asia Regional Overview report，it expressed concern about Beijing' s reform of state enterprises and its continued boosting of the economy.

本例第二个句子中，the reduction 是主语，is 是系动词，expected 是过去分词，to be attacked 是被动不定式。

（三）存在句型

存在句型是一种表示存在的特殊句型，以非重读 there 作引导词或形式主语，而把真正的主语放在动词的后面。谓语动词通常是主动词 be 或其他含有“存在”意义的动词的一定形式。其结构模式是：there+ be+ 名词词组 + 地点状语 + 时间状语，在商务英语实践中大量使用。以 there be 句型的结构与作用为标准，商务英语中的存在句型可被分为以下几类。

（1）用来表示存在

真正的主语位于 be 的后面，且句中常包含表示时间或地点的状语，这是 There be 句型最基本的用法。例如：

If they have at least that much in reserve in case the underlying market moves against them. The initial margin is $13000, but the contract is valued at $1000 per index point and there is a “maintenance margin” of $10400 per lot. This means if the underlying Hang Seng 100 index moves more than 2.6 points（$2600 worth of index points）against the investor, they need to top up their margin so there is always $13, 000 0f coverage.

（2）用来描述事物的状况

此时，主语部分是句意的重点，动词常表示“出现”“存在”“发生”等含义。例如：

HK Dollar life insurance helps you and Hong Kong to have a better future HK Dollar policy offers stability, better returns Due to the peg system, there exists interest rate differences. That’s why the HK Dollar policy can generally offer a better dividend and interest rate. Also, a HK Dollar policy can reduce the risk of premium increases due to the floatation of exchange rates.

（3）用来表达某种观点

此时，句子的基本结构是“There is expected/thought/considered to…”，谓语动词的范围限于 thought，expect，consider 等。例如：

On the other hand, economic growth in the Mainland of China should continue to be steady. Overall, the economy there is expected to move forward in reasonable shape，with GDP rising by 8 percent this year and with the on-going process of reform and structural change adding potential for further growth.

（4）用来表示说话人的态度

其中的 be 常与助动词或情态动词构成复合谓语。例如：

Global Regulatory Review and the Need for Reform All things considered，there must be a global regulatory review on prudential regulation. At present，too much trust has been put in segregation，capital and other prudential measures that have been shown to be.

四、商务英语句子的基本特点

（一）句式多样性

商务英语用以传递重要的商务信息，要求其具有正式、严密、严肃、庄重的文体特征，行文严谨，避免歧义。为了做到语言简洁、内容表达客观公正和有关事项描述得准确无误，商务英语中常使用大量的介词或介词短语、被动语态、祈使句、非谓语动词、情态动词以及各种从句。

（1）Formerly，when any countries were on the gold standard and permitted the free flow of，gold out of the country，the value of their currencies in terms of other currencies could fluctuate within only a very narrow range.

译文：原先，许多国家采用金本位制，允许黄金自由流出本国时，其货币与别国货币兑换的价值浮动的幅度很小。

（2）The international marketer must provide considerable training to the local sales force，in regard to both the product line and negotiation techniques suitable to the company’s image and financial requirements.

译文：国际营销者必须培训当地的销售人员，以使产品系列和谈判技巧与公司的形象和财务要求保持一致。

（3）Foreign exchange is a commodity，and its price fluctuates in accordance with supply and demand；exchange rates are published daily in the principal newspapers of the world.

译文：外汇是一种商品，它的价格根据供求关系而浮动，汇率每天都登载在世界主要报纸上。

解析：成语介词 in terms of，in regard to 和 in accordance with 在各自的上下文中分别可用简单介词 against，concerning（considering）和 with 来代替，替代后句子语义丝毫不受影响，但文体意义有所不同。在商务英语中，成语介词的频繁使用使商务文体具有正规严肃、庄重严谨的特点。

被动语态的使用具有结构紧密、语义准确、表达严密、逻辑性强等特点，在商务英语中使用被动语态，不说出施动者，能够起到突出商务信息、提高论述的客观性、少带主观色彩和增强可信度等作用。因此，被动语态的运用适宜能满足具有严肃性和庄重性特色的商务文体的需要。

（4）Quotations and samples will be sent upon receipt of your specific enquiry.

译文：一收到贵方的具体询价，我方将马上寄送上报价和样品。

（5）Notwithstanding the provisions of this Clause or any other Clause of the Contract，no payment certificates shall be issued by the Engineer until the performance security is submitted by the Contractor under the Contract and approved by the Employer.

译文：尽管有本条款或任何其他合同条款的规定，在承包人提交履约保证并经业主批准之前，工程师不对任何支付款开具证书。

（二）句式结构复杂

商务英语的句子有的很长，句式结构比较复杂，句中常常用插入短语、从句等限定、说明成分，形成冗长而复杂的句式结构，有时一个句子就是一个段落。例如：

In any situation whatsoever and wheresoever occurring and whether existing or anticipated before commencement of or during the voyage，which in the judgment of the Carrier or the Master is likely to give rise to risk of capture，seizure，detention，damage，delay or disadvantage to or loss of the ship or any part of her cargo，or to make it unsafe，imprudent，or unlawful for any reason to commence or proceed on or continue the voyage or to enter or discharge the goods at the port of discharge， or to give rise to delay or difficulty in arriving, discharging at or leaving the port of discharge or the usual or agreed place of discharge in such port, the Carrier may before loading or before the commencement of the voyage, require the shipper or other person entitled thereto to take delivery of the goods at port of shipment and upon failure to do so, may warehouse the goods at the risk and expense of the goods; or the Carrier or the Master, whether or not proceeding toward or entering or attempting to enter the port of discharge or reaching or attempting to reach the usual place of discharge therein or attempting to discharge the goods there, may discharge the goods into depot, lazaretto, craft, or other place.

译文：不论任何地方任何情况，不论是在开航前或航程中存在或预料到的，只要承运人或船长认为可能有导致捕获、扣押、没收、损害、延误或对船舶或其货物不利或产生灭失，或致使起航或续航或进港或在卸货港卸货不安全、不适当、或非法，或致使延误或难以抵达、卸载或离开卸货港或该港通常或约定的卸货地，承运人可在装货或开航前要求发货人或与货物权利有关的其他人在装货港口提回货物，如要求不果，可仓储货物，风险和费用算在货主头上；承运人或船长，不论是续航至或进入或企图进入卸货港，或抵达或企图抵达港口通常的卸货地，或企图在此卸货，也可将货物卸在仓库、检疫站、驳船，或其他地方。

解析：commence 和 start 都是动词，表示“开始”，但前者比后者更为正式，因此，在法律英语中也总是被选用。为在有限的条款中完整、明确地体现商贸各方的权利和义务，商贸合同中常常使用长句。长句的频繁使用无疑增加了商贸合同逻辑的严密性和句子结构的严谨性，但也增加了理解和翻译的难度。翻译商贸合同中的长句一般采用拆句法，然后根据中国人的思维方式调整各句之间的顺序。

（三）句法的严谨性

商贸英语注意行文严谨。由于它的目的是规定商贸双方的权利和义务，所表达的内容必须完整、明确、肯定。从句法层面上讲，书面商贸英语以陈述句为主，几乎不用疑问句、省略句。在商贸合同中还较多地使用被动句和长句。

被动句突出动作的承受者，对有关事物做客观描述，规定。使用被动句体现了商贸英语的严谨性。在翻译时一般将英语的被动句转换成汉语的主动句。例如：

Party A shall be unauthorized to accept any orders or to collect any accountson and after May 28.

译文：自 5 月 28 日起，甲方无权接受订单货账单。

The date of the receipt issued by transportation department concerned shall be regarded as the date of delivery of the goods.

译文：由承运的运输机构所开具的收据日期即被视为交货日期。

The prices stated are based on current freight rates，any increase or decrease in freight rates at time of shipment is to be the benefit of the buyer，with the seller assuming the payment of all transportation charges to the point or place of delivery.

译文：合同价格是以运行运费计算，装运时运费的增减均属买方。卖方则承担至交货地的全部运费。

例句从买方和卖方的利益和义务确定商品的价格计算，原文中以一个介词 with 来分界。在原文中 with 分句是一个状语，翻译时采用中国人平铺直叙的思维方式，用分述的方式把这个句子拆成两句，清楚地表达了原文的语言信息。

第三节　跨文化视角下商务英语的语篇特征

商务英语是在商务活动这一特殊社会语境下进行交际的工具，是社会活动的产物。而语篇分析（text analysis，or discourse analysis）以在某一特定语境下使用的语言（language in use，or language as discourse）为对象，突破了传统语言学一直以“句”为最大研究单位的羁绊，焦点从形式转向意义，从微观转向宏观，从静态转向动态。自 20 世纪七八十年代以来，语篇分析逐渐成为文体学的研究热点①，而衔接则是语篇分析中最重要的内容之一。这里运用语言学基础理论和语料库提供的语料，在语篇这一层次上，对商务英语的衔接手段进行定量研究，以明确商务英语的语篇衔接特征。

① 程雨民.英语语体学[M].上海：上海外语教育出版社，2004.

一、语篇衔接的基本手段

在商务英语中，语篇的衔接与语篇的好坏有着密切的关系，好的语篇衔接手段可以使文章的内容更加有条理地展现出来。具体而言，商务英语中语篇衔接的基本手段包括以下几种。

（一）省略

省略指的是将语篇中的某一部分省略掉。省略也可称为“零替代”（zero substitution）。省略可以分为动词性（verbal）省略、名词性（nominal）省略和小句性（clausal）省略。

（1）名词性省略

名词性省略是将名词词组的中心词省略掉，只保留限定词或限定词加前置修饰语。例如：

Attitude surveys focus on customers'perceptions of（ …），and attitudes to, products and the companies who make them.

译文：顾客态度调查主要是调查顾客对产品及厂家的认识和看法。

上例中在 perceptions of 后面省略了 products and the companies who make them。

（2）动词性省略

动词性省略指句子中谓语部分的省略，表现在助动词、主动词及全部动词的省略。不定式中存在的动词省略现象，亦可被视为动词性省略。动词词组可以由一个实义动词构成，也可以由助动词和实义动词一起构成。因此，动词性省略之后有的有助动词，有的没有。例如：

Under this system, the value of a currency unit was not directly fixed or defined in terms of gold but rather（…）in terms of a currency which was fixed in terms of so much gold.

译文：在这种货币制度下，一货币单位值不是以黄金形式直接确定或规定的，而是以一种由含金度多少而定的货币来确定的。

上述例句中将 but rather 后面的 was fixed and defined 省略。

（3）小句性省略

小句性省略指的是将整个分句省略，小句性省略主要用于对话中，对于对话中已经提到的具体内容，在后面的对话中再提及时往往将其省略。例如：

A：Do you mean they are both named George?

B：No. One is Samuel，the other is Albert.

例句中的 B 在回答时将 No 后面的内容省略了，但是这对于话语意思的理解没有任何影响。

（二）替代

替代指的是将语篇中的一个成分用另一个成分来代替的方法。替代属于语法衔接手段，替代主要利用词与词、词组与词组以及句子与句子之间的结构关系，而非其意义关系来实现照应。替代是一种纯粹的语篇衔接手段，其只利用段落中的两个部分实现衔接，没有其他任何功能。按照所替代成分的不同可以将替代分为动词性替代、名词性替代和小句性替代等。

（1）动词性替代

用动词性替代词，又称代动词，和复合代动词来替代动词词组中心词或整个动词词组的替代现象叫动词性替代。动词性替代主要借助助动词 do，does，did 来实现。例如：

A：You think Joan already knows?

B：I think everybody does.

A 句中的动词 knows 被 B 句中的 does 所替代。

A：Do they buy their drinks at the local supermarket?

B：No，but we do.

A 句中的动词 buy 被 B 句中的 do 替代。

（2）名词性替代

以名词性替代词替代一个名词词组或者它的中心词，这种替代现象叫做名词性替代，能充当名词性替代词的词项主要是 one，ones，some，the other，others，the same，the kind，the former，the latter 等。例如：

For example，technological advance has also had a strong impact on employment and productivity，benefiting some jobs，hurting others.

译文：例如，科技的进步对就业状况和生产力的提高会产生很大的影响，对某些工作的就业会有利，但对其他的工作会造成不利的影响。

上述例句结尾处的 others 替代了 some other jobs。

Collection is of two kinds： collection with bill of exchange against documents and collection with a clean bill. In practice，the latter is not so widely used as the former。

译文：托收可分为两种：一种是跟单汇票的托收，另一种则是光票托收。在实际操作中，后一种没有第一种用得广泛。

此例第二句中的 the latter 和 the former 分别替代前句中的 collection with bill of exchange against documents 和 collection with a clean bill。

Among all measures to develop national industry，a key one must be investment in upgrading plant，machinery and skills.

译文：在所有发展国家工业的措施中，关键的一个就是必须在更新厂房、机器和技术方面进行投资。

此句中的 one 替代了意义上单数形式的 measure。

（3）小句性替代

小句性替代指的是用替代词代替上文出现的名词性小句表达的意义。小句性替代一般由形式词 so，this，that 来代替整个句子或句子中的部分内容。例如：

The founder-members of the EEC believed that if the economies of the member states were linked，they would grow together politically. We shall have to wait and see if this is so.

译文：欧洲经济共同体的发起国相信，各成员国如果在经济上联合起来，将在政治上也会共同发展。是否如此，我们将拭目以待。

该例句末尾最后一句的 so 替代前一句话中的 they would grow together politically。

Following the OPEC oil embargo，for example，United State automakers began to make greater numbers of small cars and fewer of the large models they had previously produced.This did not happen because government intervention had ordered this charge.

译文：欧佩克颁布石油禁运令之后，例如，美国汽车制造商开始打算生产更多的小型车而减少原有大型车的产量。这种情况之所以没有发生，是因为政府的干预控制了局面。

上述例句中，this 所替代的是分句 United State automakers began to make greater numbers of small cars and fewer of the large models they had previously produced.

（三）衔接

词汇衔接指语段中一部分词的意义存在某种联系。具体而言，衔接方式有词汇同现、词汇重复、上下义词以及相似性。

（1）词汇同现

词汇的同现（collocation）是指使用相关词语使篇章能够前后呼应，这种现象在所有语言中都可以找到。例如：

When consumers borrow money to buy a house，car or dishwasher，they are paying higher rates because of the deficits.

译文：消费者借钱买房子、汽车或洗碗机时，会因为财政赤字而支付比较高的利率。

该句中的 consumer，money，buy，paymg 在语义上具有相关性，利用这些词使语篇更具完整性、连贯性。

（2）词汇重复

在语篇中重复出现的词一般都是一些关键词，这些词的重复出现既可以增强文章的气势，又可以使文章更加连贯。例如：

Lower tariffs will increase the imports of both agricultural and industrial products，Competition from foreign imports will force Chinese producers to lower their price and improve the quality of their products，to the benefit of Chinese consumers. Those firms that cannot compete will have to adjust，with some possibly going bankrupt. Foreign manufacturers operating in China will also provide competition. Local foreign producers have the advantages over importers of being able to use the low-cost labor in China and save the cost of transporting the final products to China. Financial and telecommunications firms in China will have to upgrade their products to service foreign competition.

本例出现了三个competition，还出现了其同根词compete。这些词的巧妙使用，使主题更加突出。

（3）上下义词

英汉上下义关系词的使用有一点十分相似：它们都经常用于某个概念或物体性质的界定。上义词可以用来界定下义词，上义词的含义比较概括，属于抽象性意义，而下义词的含义较为具体。例如：

Top students allow no interruption of their study time.Once the books are open, phone calls go unanswered，TV unwatched and newspaper unread.

译文：优秀的学生在学习时杜绝任何干扰。只要一打开书，从不接听电话，也不看电视和报纸。

该例中，Interruption是phone calls，TV，newspaper的上义词，而phone calls，TV，newspaper是下义词。

（4）相似性

相似性包括两层含义，一个是“近同义性”，一个是“反义性”。这里的相似性与其具体意义没有关系。例如：

When a balance of payments deficit is caused by something considered undesirable（such as heavy dependence on Mid-east oil），it may be that the government will seek a way to decrease such imports.When the same deficit is caused by something considered desirable（such as contributions to developing countries to foster their economic development），the government may be willing to draw down its reserves for the purpose.

译文：如果国际收支逆差是由不令人称心如意的原因引起的（例如过分依赖中东的石油），结果就可能会使政府想方设法减少这类进口。但若国际收支逆差是因令人向往的原因引起的（例如帮助发展中国家发展经济），政府可能会乐意为此目的降低其官方储备。

上例中的undesirable和desirable形成一种反义衔接，表达了产生国际收支逆差的两种原因的不同性质。

二、商务英语的指称衔接

商务英语的指称衔接，包括人称指称、指示指称和比较指称三种。

（一）人称指称

人称指称指的是利用话语情景中的功能以及不同人称表现的指称。人们所熟知的人称代词有第一人称（I，we）、第二人称（you）、第三人称（he，she，it，they，one）。在人称指称中的人称代词与这些代词有所不同，其范围更加广泛，包括这些人称代词的主格和宾格（me，us，you，him，her，it，them，one），还包括其各自的形容词所有格（my，our，your，his，her，its，their，one s）以及所有格代词（mine，ours，yours，his，hers，its，theirs）。例如：

Japan has been able to export large quantities of radios and television sets because it can produce them more efficiently than other countries.

译文：日本之所以能出口大量的收音机和电视机，是因为日本的生产效率高于别国。

从上面的句子可以看出，it 指称 Japan，them 指称 radios and television sets。

（二）指示指称

用指示词或相应的限定词以及冠词等所表示的指称照应关系称为指示指称。在指示照应中，发话者通过表明事物在时间或空间上的远近来确定所指对象。指示指称词包括 this、these、that、those 和指示副词如 here，there，now，then 等来体现。例如：

Central banks of the member countries were required to intervene in the foreign exchange markets to keep the value of their currencies within l percent of the par value. This intervention was achieved by buying or selling foreign exchange or gold. A given currency could，therefore，never rise above nor fall below fixed points，which are called intervention points. These are the prices beyond which the central bank intervenes.This is called the system of fixed exchange rates.

译文：各会员国的中央银行必须干预外币市场以保持其币值于平价的 1% 之内。这种干预是通过买进或卖出外汇或黄金来实现的。这样，一种货币上升时不得高于、下降时不得低于固定点，这些固定点叫做“干预点”，超过了这些价格中央银行就要进行干预，这叫做“固定汇率制度”。

上面一段话的第二句中的 this intervention 指称前一句话的谓语部分 were required to intervene，第四句中的 these 指上句中的 intervention points，最后一句中的 this 指本段内容中前四句讲述的这种干预外币市场的现象。

Japan has been able to export large quantities of radios and television sets because it can produce them more efficiently than other countries. It is cheaper for the United States to buy these from Japan than to produce them domestically. According to economic theory，Japan should produce： and export those items from which it derives a comparative advantage. It should also buy and import what it needs from those countries that have a comparative advantage in the desired items.

译文：日本之所以能出口大量的收音机和电视机，是因为日本的生产效率高于别国。对于美国来说，进口日本货要比自己生产合算。根据经济理论，日本应该生产和出口那些因生产费用较低而获利的产品，购买和进口那些自己需要的、别国也因生产费用较低而获利的产品。

上面的一段话中，第二句中的 these 和第三句中的 those items 均指称第一句中的 radios and television sets，第四句中的 those countries 指称第五句中的 that have a comparative advantage in the desired items。

（三）比较指称

比较指称指的是用比较事物异同的形容词或副词及其比较级所表示的指称。比较指称语包括形容词与副词的比较级、最高级，以及同级结构如 as…as、superior to、inferior to 等。比较指称可以分为三种。

（1）表示相似、相同指称关系

例如：

The principle of similitude states that the best foreign market for a company is the country that is the most like，or the least unlike，the markets currently served by the firm.

In other words, companies should seek to identify those foreign markets whose characteristics are very similar to those of their domestic markets. Making the right product policy decision is greatly simplified when the company sells in similar markets.

（2）表示相反关系

例如：

The firm may welcome some competition.Competitors'promotional dollars combined with the firm' s spending may lead to a much greater expansion of the market than would have been possible without competition.A share of a very large market may mean more sales than 100 percent of a small market.

（3）表示好坏、多少、大小等比较关系

例如：

The APEC group of economies includes all China's most important trading partners and accounts for over 54 percent of its report and export trade if Hong Kong's trade is included while that of China and trade between the two economies is excluded from their total trade.

Among them are the United States and Japan. While the relationship with the United States is not free of problems（the human rights issue，arms sales intellectual property rights，illegal textile trans-shipments，the Taiwan Issue，and market access for US products in China）and the relationship with Japan carries the burden of history，China shares more interests with the Asia Pacific economies than with other trading nations.

三、商务英语的连接

在商务英语中，连接的表达形式多种多样，例如有连词、动词分词、一般副词、合成副词、介词短语等，它们在数量上惊人。尽管似乎有大量的连接语可供选择，但是人们实际上很少可以随心所欲，自由取舍，而要受到语域的限制。其中的实际使用情况和特点可通过下列连接手段使用的不同方式和频率得到体现。

（一）增补连接

增补关系可以表示追加、否定、选择、比较、同位以及后续等逻辑关系，表示不同的关系需要不同的连接词。下面就对增补连接中的几种常见的增补连接词进行说明。

（1）表示意义引申

意义引申指的是一种顺接关系。在英语中表示意义引申的词主要有 again，also，and，and then，and besides，besides，equally，further，furthermore，in addition，additionally，in a like manner，in the same way，likewise，moreover，similarly，what's more 等。在商务英语信函中经常会使用表示意义引申的连接词。例如：

Dear sir,

We welcome your inquiry of 14th May and thank you for your interest in our hand-made leather gloves. We are enclosing our illustrated catalogue and price-list giving the details you ask for. Also under separate cover，we are sending you a full range of samples and，when you have a chance to examine them，we feel confident that you will agree that the goods are both excellent in quality and very reasonable in price.

On regular purchase in quantities，of not less than five gross of individual items，we would allow you a trade discount of 30%.

We also export a wide range of hand-made leather shoes in which we think you may be interested. They are fully illustrated in the catalogue and are of the same high quality as our gloves.

We hope the samples will reach you in good time and look forward to your order.

Yours faithfully,

（2）表示举例、例证

通常用基数词和序数词以及副词来表示举例。在段落中可以使用 next，then 等来引导，结尾项目还可以用 last（ly），finally，to conclude 等引导。表示例证通常用 for example，for instance，incidentally，in particular，in other words， namely，particularly，specifically，such as，that is 等。

例如：

First，these countries were richly endowed with natural resources such as fertile arable land，forests，and mineral deposits.

Second，workers with various skills moved in great waves from overpopulated Europe to these mostly empty lands，and so did huge amounts of capital. Though data are far from precise，it seems that from 30 to 50 percent of total capital formation（i.e.，investments）in such nations as Canada，Argentina and Australia was financed through capital inflows. The huge inflows of workers made possible the construction of railroads，canals，and other facilities that allowed the opening up of new supply sources of food and raw materials.

Finally，the great improvement in sea transportation enabled these new lands to satisfy the rising demand for wheat，com，cotton，wool，leather，and a variety of other foods and raw materials more cheaply than traditional sources of supply in Europe and elsewhere.

（二）因果连接

因果连接可以表示原因、结果、目的、条件、手段等逻辑语义关系，常用来表示因果的连接词包括 so，therefore，as a result，consequently，for that reason，in other words，in that case，if so，if not，that implies，then，therefore，thus 等。

例如：

He says that he will love me for good. If so，I will be the happiest girl in the world. If not，I would kill him.

To run a business is like managing a big family. In other words，the “parents” must be excellent at administration；otherwise，the “big family” would break up.

下面是商务英语中因果连接使用实例。在语篇中使用因果连接可以使内容之间结构紧凑，文章连贯。

Dear Sir or Madam，

I am writing about the heating unit you installed for us. Unfortunately，the heating system exploded，blowing a large hole in the roof.

I should like to remind you that we wrote to you on 9 December last year because it was making a strange noise，but you did not give us a reply.

We must insist，therefore，that you replace the heating system immediately and pay for our damages stock worth about US $400，000.

Yours faithfully，

（三）时间连接

时间连接可以表示连续、同时、以前、总结等逻辑语义关系，主要利用时间词表达事件的进展等信息。

（1）表示某个时间以前的事态发展可用 earlier，former，preceding，previous 等。

（2）表示在某个特定时间点两个事件同时发生可用 contemporary，meantime，meanwhile，presently，simultaneously，at present，at this point，in the meantime 等。

（3）表示在某个特定时间以后的事态发展可用 following，later，next，afterwards，immediately，since，after that，since then 等。

下面是语篇时间连续使用的实例。

In 1998，Australia proposed the Asia Pacific Economic Cooperation（APEC）as an annual forum. The proposal called for ASEAN members to be joined by Australia，New Zealand，Japan，China，Hong Kong，Taiwan，South Korea，Canada，and the United States.lt was initially modeled after the Organization for Economic Cooperation and Development（OECD）.Since then，APEC's goals have become more ambitious.At present，APEC has twenty-one members and has the third largest economy of the world.T he key objectives of APEC are to liberalize trade by 2020，to facilitate trade by harmonizing standards，and to build human capacities for realizing the region's pool of savings，the most advanced technologies，and fastest growing markets.Therefore，companies with interests in the region are observing and supporting APEC-related development closely.

（四）转折连接

转折连接可以表达对比、修正和排除等逻辑语义关系，转折连接用于提示段落内容意义的改变，表示意义转折的语汇有 but，for all that，however，in spite of，nevertheless，notwithstanding，on the contrary，on the other hand，still，yet，whereas 等。例如：

I supposed that he would not meet the deadline. On the contrary，he over fulfilled his task.

On the questions of payment terms，however，we will make no concessions.

The workers kept working，notwithstanding the heavy rain.

（五）空间连接

空间连接主要利用的是方位词来表示空间概念，如 above，across，from，before，below，beyond，beneath，close to，down，further，in front of，next to，near to，on the left，on the right，opposite，on top of，over 等。例如：

The development in Asia has been quite different from that in Europe and in the Americas. While European and North American arrangements have been driven by political will，market forces may compel politicians in Asia to move toward formal integration.While Japan is the dominant force in the area and night seem to take leadership in such an endeavor，neither the Japanese themselves nor the other nations want Japan to do it.

四、商务英语语篇基本特点

（一）文体多元性

商务英语具有多元化特点，因为它被社会上不同的领域所使用。根据英语的功能划分，英语通常包括以下五种文体：文学英语、法律英语、新闻英语、广告英语、科技英语。从商务英语所涉及的专业范围来看，五种文体中属于商务英语的是广告英语和法律英语。

由于国际商务在各领域中的实践性较强，商务英语还具有实用性。国外有学者从国际商务用途英语的角度出发，认为商务英语的特点：① 通常与一定的商务背景知识有关；② 以需求分析为基础；③ 有时间上的压力的时效性强；④ 目的明确。

（二）确切性

商务篇章要具体明确、层次分明、有说服力，必要的时候，要使用具体的事实和数据。商务英语中业务数字和时间都很关键，稍有差池，可能就会导致业务失败。概念的表达，物与名所指，数码与单位等，都要求具体明确，而且全文一致。为了避免纠纷和损失，商务英语所涉及的语义信息、风格信息、文化信息等都要求使用者做到具体得当的传达。例如：

We are delighted to receive your Letter of November 18 asking whether we can supply you with Art . No.6120.

译文：很高兴收到你方 11 月 18 日来函，询问我方可否供应 6120 货号产品。

商务英语不说“We wish to confirm our telex dispatched yesterday.”而要说“We confirm our telex of July 2nd，2000.”因为前者笼统含糊，后者清晰明了，恰如其分地表情达意。

在商务英语中，有时可采用不同的词语或短语表达同一语义或概念，这不仅可避免重复所引起的“单调乏味”，使语篇表达富有变化，生动活泼，而且更能从不同侧面加强所表达的语义，使之更清晰、明确。有时，采用省略的方式能够使表达更明确，而汉译时必须采用重复方式才能使译文语义明确，且并不因此而显得冗赘单调。例如：

In such a society，we make contracts when we buy goods at the supermarket，when we get on a bus or train，and when we put money into a machine to buy chocolate or drinks.

译文：在这样一个社会里，当我们在超级市场购物的时候要订立合同，当我们乘公共汽车或火车的时候要订立合同，当我们把钱投入自动售货机购买巧克力或饮料的时候，也要订立合同。

解析：英文原文仅一处使用 make contracts，而汉译文将此重复使用三次，英汉表达方式不同，但却都达到了表达清晰明确的目的，可谓殊途同归。

（三）篇章结构规范

商务英语具有程式化的语篇特征。在篇章结构上，严格按照各种语类的纲要式结构并参照各种语类的交际目的行文。这种程式化的纲要式的结构和交际的目的是其各种语类的核心。在商务英语实践中，把商务文本细分为商务报告、商务广告、企业宣传材料、产品说明书、商务信函、商务合同、商标词等，每一种文本都有其“纲要式”的结构，为从事商务活动和商务交际的人们提供对各种语类在理解和写作上的参照。下面以商务报告类文本为例，分析商务英语的篇章结构的示范性。

从整体结构上讲，英语商务报告包括了下列几大部分：题目（title）、报告传达书（transmittals）、目录（contents）、总结（summary）、前言（introduction）、正文即调查结果和研究结果（findings）、结论（conclusion）、建议（recommendations）、参考资料（references）、附录（appendices）。其中，关键的部分是主体。商务报告的主体一般由前言（preface）、正文（body）和结尾（conclusion）组成。在前言部分，主要说明报告的目的（purpose）、背景（background）、范围（scope）和问题的叙述（problem statements），说明问题提出的缘由、背景和相关情况。报告的正文部分是核心内容，通常是由研究内容、研究方法、研究结果等构成，主要阐述研究结果和调查结果、项目进展情况、策划方案的步骤等。

（四）礼貌性

商务英语作为一种跨国交际的手段，它的翻译不同于文学作品的翻译和欣赏，它具有实用性和广泛的交际功能。就建立双方贸易关系的信函来说，其非常注重礼貌，语气客气、婉转，因此经常使用社交礼貌套语。这些客套语起交际应酬作用，信息量不大，但不容忽视，须认真对待。在信函的开头和结尾部分都有固定的礼貌套语：Dear Sirs/Gentlemen，Dear Mr. Smith，Dear Madam；yours sincerely，yours truly，yours faithfully 等。礼貌能使对方心情舒畅，给对方留下良好印象，便于建立友谊，促使双方贸易的达成。客气婉转的语气在商务信函中不仅可以委婉地拒绝对方的要求或条件，还不至于伤对方的情面，有利于维持双方友好的贸易关系。委婉的语气还可以用来表达道歉、感谢等意义。例如，当买方想了解卖方关于货物的信息时，可以说："Would you please inform us by return of the price，discounts，terms of payment and time when you can deliver ?"（你方能否告知我们价格、折扣、付款方式和交货时间）这句话虽然听上去有些强硬，但是仍不失礼貌。如果说"You must pay the rest of the outstanding bill to us within this week，otherwise，we will take court action." 这句话不但听起来僵硬，而且还会不可避免地伤害贸易合作伙伴。

（五）名词化程度高

名词化可以将许多需要用句子才能表达的意义用名词或名词短语就可以表达出来。使用名词可以使信息量集中，符合商务交际中语言表达的经济原则，而且名词化主要是动词的名词化，不使用动词而使用名词可以避免时态、语态、语气、情态等因素，使得整个语篇显得客观、正式、严谨。例如：

If，whether during the execution of the works or after their completion and whether before or after the repudiation or other termination of the contract，between the Employer and the Contractor arises any dispute in connection with，or arising out of，the contract or the execution of the works，including any disagreement by either party with any action，inaction，opinion，instruction，determination，certificate or valuation of the Engineer，the matter shall，in the first place，be referred to the Disputes Review Board.

译文：无论是在工程执行过程中，还是在工程完成以后，也无论是在放弃或其他形式的终止合同之前或者之后，如果业主与承包商之间出现任何与合同或工程执行有关的或因合同或工程执行而引发的争端，包括任何一方对工程师的任何行动、不行动、意见、指示、决定、证书或评价所产生的异议，那么该争端应首先提交争端审核委员会。

在这句话中，execution，completion，repudiation，termination，disagreement，action，inaction，instruction，determination，valuation分别是动词 execute，complete，repudiate，terminate，disagree，act，do not act，instruct，determine， valuate 的名词化。同时，为了使这种名词化程度很高的语篇能表达严密的逻辑关系，此例中还使用了大量的连词和介词，如 if，whether，and，or，by，after，before 等。由于汉语中多使用动词，英语中多使用名词是各自较为显著的一个特点，因而，在翻译这样的英文时往往会使用较多的动词来替代原英文中的名词，甚至是介词。

第四节 跨文化视角下商务英语的修辞特征

从广义的角度来讲，商务英语的修辞可包括商务英语语音、词汇、句法、语篇的组成等各层面的所有特征，涉及“遣词造句、谋篇布局”过程中的一切活动，是对语言进行选择加工，以达到传情达意的目的。而词义、句子结构以及语篇等所有的特征总汇构成商务英语的修辞特征。

一、商务英语的词义修辞特征

跨文化视角下商务英语中的修辞为实现选词恰当、精确，语言表达礼貌的语言效果起到了至关重要的作用，其词义修辞特征主要表现在以下方面。

（一）暗喻

暗喻又称隐喻，是一种含蓄的比喻，本体和喻体同时出现，没有喻词。在商务英语中，暗喻是频繁使用的修辞手段之一。例如：

A woman express herself in many languages，Vimal is one of them.

——Vimal Saree.

译文：女人用多种语言表现自己，维姆就是其中之一。

——维姆纱丽服。

该例中，妇女服饰品牌 Vimal Saree 被比作 language，表达了这种服饰就像语言一样可以直观地传达出女性的魅力所在，潜意识下表明了该品牌的特殊之处。

（二）双关

双关的修辞效果往往使得话语更加幽默，一箭双雕。商务英语中经常利用同音词、谐音词与一词多义的词来实现双关。

例如：The Self-Made woman. She's living better all the time.

译文：《自我》成就的女性，生活永远如此称心。

该例中，Self-Made 的使用实现了双关，因为其具有一词多义的特点。Self 即有“自我”的含义，同时还是一本妇女杂志的名称，故 Self-Made 暗示了阅读《自我》杂志的女性在生活上都是称心如意的，这就可以号召大量女性来阅读该杂志。

（三）夸张

虽然夸张手法有言过其实的修辞效果，但基本上还是符合事物本质特征的。适当的夸张是为了增强效果、抒发感情，在事实的基础上做出放大或缩小某一特征的艺术手法。因此，夸张是商务英语中经常使用的修辞手段之一。例如：

They murdered us at the negotiating session.

译文：谈判时他们枪毙了我们的方案。

该例中，murdered us 即是夸张手法的运用，目的在于强调谈判失败的后果，使得表述更加生动有效。

（四）借代

商务英语中常常用一个表示具体形象的词来表示一个事物、一种属性或一种概念，表现为将具体词语的词义做抽象化引申，引人联想，并起到修饰语言的作用。例如：

Viewing such problems with a humorous eye and avoiding the syndrome of taking yourself too seriously can make all the difference in keeping negotiations on track.

译文：如果用幽默的眼光来看待这些问题，让自己避免过分严肃，对谈判沿着既定的轨道前行具有十分重要的作用。

该例中，利用人体器官 eyes（眼睛）这一具体器官的形象引申出其所产生的行为——眼光，使得句子在表述上形象、轻松，在很大程度上缓和了话题的过分严肃性。

二、商务英语的结构修辞特征

对跨文化视角下商务英语结构具有重要修饰意义的手段有倒装句、反复、排比、对比。下面就对这些修辞手段进行探讨。

（一）倒装句

倒装是一种语法手段，用于表示一定句子结构的需要和强调某一句子成分的需要。商务英语中也常常通过改变语序，倒装句子来实现有所指、有所强调的交际意图。试比较下面一组句子。

（1）A sample of a similar cloth，of exactly the same color，which we have in stock，is enclosed.

（2）Enclosed is a sample of a similar cloth，of exactly the same color，which we have in stock.

译文：附上一块目前有现货的，颜色几乎一样的相似布料。

对于同一个汉语意思的句子，使用的英语句型却是完全不同的。第一句使用的是普通的、正常顺序的句子，因为主语很长且位于句首，给读者的感觉是头重脚轻。第二句通过倒装改变了句子中词语的顺序，读起来更加合理。

（二）反复

商务英语中常用反复来强调所表达的内容，引起话语接受者的注意，其主要表现在以下三个方面。

（1）重复某个关键词（repetition of a key word）

重复某个关键词能够帮助语言发出者建立主题思想，让语言接收者有意识或无意识地熟悉这个词带来的信息。例如：

She is a leader：a leader in the workplace，a leader in her church，and a leader in the commumty.

译文：她是领导：是工作上的领导，是教堂的领导，还是社区的领导。

该例中，通过对 leader 一词的重复实现了强调的目的，充分表达了其牢固的领导地位，从而将她的领导形象深深刻在人们心中。

（2）句首重复（anaphora）

一个单词或词组出现在连续几个句子、诗行或语段的开头，英语修辞中叫做句首重复。例如：

Farewell to the mountains high covered with snow!

Farewell to the straths and green valleys below!

Farewell to the forests and wild. hanging woods!

Farewell to the torrents and loud. pouring floods!

译文：

再见了，积雪皑皑的高山！

再见了，脚下的溪壑绿谷！

再见了，森林和原始垂悬的树木！

再见了，急流和奔腾轰鸣的洪水！

这里除了 Farewell to 在句首彼此重复外，每一行诗的句法结构也是对称的。不过，这种对称对于句首重复来说不是绝对需要的。

（3）结末重复（antistrophe）。结末重复是指末尾段落连续使用重复的短语或句子。与句首重复一样，结末重复也是为了强调这些语句。例如：

Our stockholders will win.

Our employees will win.

And，best of all，our families will win.

译文：

我们的股东将会获益；

我们的员工将会获益；

另外，最让人高兴的是，我们的家族将会获益。

该例中，对句末短语 will win 进行了重复，强调了人们获益的范围是非常广泛的，即表明了这次成功将使所有人都获得利益。

（三）排比

排比（parallelism）就是把两个或两个以上结构相同或相似、意义相关或并重、语气一致的语言单位平行排列起来，形成一个连贯的整体的修辞手法。在商务英语中，排比也是一种常用的修辞手法。这种修辞结构使读者强烈地感受到排比结构内部的关系，起到加强语气、强调重点的作用。例如：

If a man runs after money，he’s money-mad；if he keeps it，he’s a capitalist；if he spends it，he’s a playboy；if he doesn’t get it，he’s a never-do-well；if he doesn’t try to get it，he lacks ambition. If he gets it without working for it，he’s a parasite；and if he accumulates it after a lifetime of hard work，people call him a fool who never got anything out of life.

译文：只追求钱的人是疯子；只攒钱的人是资本家；只花钱的人是花花公子；挣不到钱的人是小混混；不愿意挣钱的人是没有包袱的人；想不劳而获的人是寄生虫；一辈子只为挣钱的人则是傻子。

该例中，整个段落列出了七项有关 money 的种种行为，并通过这种排比结构讽刺了一些人、批评了一些人，在一定程度上加强了人们对于如何花钱这方面的正确认识。

（四）对比

商务英语中经常使用对比的修辞手法使一句平衡对称的句子在意思上截然相反，形成强烈对比。例如：

There is a large group of active and innovative companies who devote themselves to increasing the productivity. While there always a large group of laggard and stereotyped companies who devote themselves to gnawing government subsidy.

译文：很多积极的、创新的企业都致力于提高生产力，然而还有很多落后的、守旧的企业致力于啃食政府补贴。

本句通过 active and innovative 和 laggard and stereotyped，increasing the productivity 和 gnawing government subsidy 两组意象的对比，表达了两个方面的意思。一是赞美了前者的创新精神，二是批评了后者不思进取、腐败落后的企业作风。

三、商务英语的语篇修辞特征

（一）圆周句

圆周句（periodical sentence），也称“掉尾句”，它是英语中末端中心（end focus or end weight）原则的应用。圆周句的特点是主要信息或实质部分迟迟不出现，使之造成一种悬念，借以抓住读者的注意力，步步推进，直到句尾或接近句尾才能明了作者所要表达的真正意思，给读者以深刻的印象，从而使主要信息或实质部分得到强调。圆周句是作者有意安排的句子，句子结构比较严谨，多用于正式语体。当很多从句都把话语重点放在了句末，便形成了修辞学上所说的圆周句。圆周句在商务英语中的使用主要基于以下目的。

（1）为了吸引对方注意。

（2）为了加以强调。

（3）为了减弱不利信息造成的影响。

下面来看一则实例。

Although profits are down，morale remains high.

译文：尽管利润下降了，但我们的道德水平依然很高。

该例中，通过使用 although 来引导让步状语从句，并以此说明后面的句子是语言表述的重点，故该句话是一个圆周句。其中 profits are down 这一不利消息以状语从句的形式被放在了前面，而话语中心则被放在了后半句上，因而整个句子就句子含义而言，在很大程度上减弱了不利消息对听话人的影响，强调了好的一面。

（二）松散句

松散句（loose sentence）又叫复合句，即主句在前，后面通常跟有几个从句，也是一些语言学家定义的右分支结构（right-branching structure）。松散句是一种组织松弛的句子。在效果上这种句子比较松弛，多用于谈话。句子的组织部分连绵不断，但结构比较松散，以至于可以在句中的任何地方加一个句号，结构都是完整的。与圆周句不同，松散句通常将句子中心放在前半部分用以提出主旨。例如：

The Buyer may cancel its order through a telegram to the Seller，which is required to get to the latter prior to the beginning of any shipment.

译文：买方可以通过电报通知卖方取消订货，但此电报需在货物装运之前到达卖方。

该例中首先明确了话语的主题即“取消订单”，然后在后半句进行了说明：不是任何时候都可以取消订单，只有在货物装运之前将取消订货的电报传达给卖方时才可以。

第四章　跨文化视角下的商务英语翻译

翻译本身就是一种跨文化交际活动，涉及文化的诸多方面。同样，商务英语翻译不仅涉及商务方面的内容，还涉及文化方面的交流，并且受文化因素的影响。以下就从跨文化的角度出发对当代商务英语翻译进行探究。

第一节　语言与文化

作为一种社会文化符号系统，语言与文化有着密不可分的联系。语言是文化的一种载体和形式，通过语言，文化得以记载、传播和延续。同时，文化也是语言存在的一种基础，正是有了不同的社会文化，才会产生不同的语言形式。语言与文化的这种密切关系同样注定了翻译与文化的密切关系。翻译是不同语言之间的一种转换活动，这种活动既然涉及语言，就必然会涉及其所承载的文化。本节就对语言、文化以及两者之间的关系进行解析。

一、语言

对于“什么是语言”这一问题始终没有一个确切的答案。但是，语言又是切实存在的，而且在社会生活中发挥着巨大的作用。实际上，对于语言的研究从始至终都没有停止过。

《语言与语言学百科词典》中记载：“语言是人类社会用来交际或自我表现、约定俗成的声音、手势或文字系统。”

《韦氏新世纪词典》（*Webster's New World Dictionary*）列出了“语言”一词最常用的几个定义：①（a）人类语言（human speech）；（b）通过这一

手段进行交际的能力（the ability to communicate by this means）；（c）一种声音和语义相结合的系统，用来表达和交流思想感情（a system of vocal sounds and combinations of such sounds to which meaning is attributed, used for the expression or communication of thoughts and feelings.）;（d）系统的书写形式（the written representation of such a system）；②（a）任何一种表达或交流的手段，如手势，标牌或动物的声音（any means of expressing or communication, as gestures, signs, or animal sounds）（b）由符号、字母、数字及规则等组合成的一套特殊体系，用来传递信息，类似计算机信息传递（a special set of symbols, letters, numerals, rules, etc.used for the transmission of information. as in a computer）…[①]

对于语言的定义，很多语言学者从不同的角度出发给出了不同的解释和看法。

美国语言学家萨丕尔（Sapir）认为，语言是人类所特有的、非本能地使用自发创作的符号沟通思想、表达情感和愿望的交际手段。诺姆·乔姆斯基（Avram Noam Chomsky）在《句法结构》一书中指出：语言是一组（有限或无限的）句子，每个句子长度有限，并由有限的成分构成。虽然语言学家对语言的定义在表述上有区别，但是都是从语言本质角度出发，大多数语言学家的观点是：语言是用于交际的符号系统。

语言学家认为，语言是人类所特有的交流手段，动物虽然也有各式各样的沟通方式（气味、舞蹈、声音等）却无法与人类语言相比。人类语言不同于动物沟通方式的区别性特征，包括：

（1）语言具有任意性

语言虽然可以指代现实世界或虚拟世界中的某种事物或概念，但这些符号和它们所代表的事物或概念之间却并不存在必然的联系。这也就是为什么不同的语言中对同样的事物却有不同的符号与之对应的原因。例如自然界中普遍存在的水，在汉语中是“水”，在英语中是 water，而在德语中是 Wasser。

（2）语言结构二重性

指在语言研究中发现语言具有双重结构的特征。在语言的高级结构中，语言是有意义的最小单位的集合，如词素和词；在语言的低级结构中，语言是序列化

① 廖美珍．语言学教程（修订版）精读精解[M]．成都：西南交通大学出版社，2009.

的切分成分的排列，这些切分成分自身没有意义，但是可以组合成意义单位。在语言结构中，低级层次中的语音单位组成高级层次中的更大的单位，叫做结构二重性。

（3）创造性

指人们可以理解和创造本族语言中无限多的句子，而且包括那些从未听过的表述。语言的创造性和能产性来自语言的二重性，说话者能够结合各个语言单位形成无数的句子。

（4）不受时空限制

指语言既可以描述在场的事物，也可以描述不在场的事物；换言之，语言可以描述过去、现在、未来的真实的或想象的东西；语言甚至可以描述自身。

（5）文化传递性

指语言系统必须通过学习才能获得。尽管人类语言能力需要一定的生物基础，但语言不以生物基因方式传递。人们学习语言是文化现象而不是生物现象。

随着语言学研究的发展，语言的构成要素如语音、句法、语意、语用等领域的研究都有了长足的进步，但是对于语言产生的研究还停留在假说阶段，如摹声说、感叹说、劳动叫喊说等。

摹声说认为语言起源于对外界声音的模仿。如英语中的 cukoo（布谷鸟）类似于布谷鸟的叫声，即语言中的拟声词汇。

感叹说认为语言起源于原始人因各种感受而引起的感叹。人类的原始语言就是由这种感叹声演变而来。如英语中的 hi，ouch 等。

劳动叫喊说认为语言起源于伴随劳动发出的叫喊，这种叫喊声演变为劳动号子，进而演变为原始语言。然而，这些假说中可能创造出的词汇数量有限，不能概括人类语言的复杂现象。有些学者提出“语根说”，认为语言中大多数词由语根构成，语言学家缪勒的研究表明梵语中有 1 706 个语根，希伯来语有 500 个，汉语有 450 个。语根就像木枝和石头，堆砌成各种器物，语言就是通过语根的变换组合才形成无数复杂的词语。

以上定义从不同的角度解释语言的本质，但是都不全面。实际上，到目前为止，语言始终没有一个确切的定义。

二、文化

文化的定义是一个重要的问题，同时又是一个复杂的问题。文化是无所不在的、多元的、复杂的和普遍的。正如霍尔[①]（Hall）指出"人生没有哪一个方面不受到文化的影响和改变"这一结论表明文化无所不包，无所不在。文化的这一特征使得人们对文化难以下定义。对文化探讨最深的当属文化学家克鲁勃和克拉克洪（Kroeber and Kluckholm）对文化的归纳。早在1952年他们查阅了众多人类学文献，收集到164个对文化的定义。同时他们对于文化一词的意义做了历史性回顾，并对各种不同定义做了评述。在众多的广义（文化就是所有事物；是生活方式；是社会生活的一切方面）到狭义（文化是歌剧、艺术和芭蕾）的定义中，人们更关注的是侧重历史传统和社会继承（与代际相关）的文化的定义。

（一）汉语中的文化

"文化"一词在汉语中早已有之。根据文献记载，早在两千多年以前，"文化"一词及其含义就已出现，《周易·贲卦》中首次将"文"与"化"并用："观乎天文，以察时变；观乎人文，以化成天下。"在这里，"天文"与"人文"相对，天文指的是天道自然，人文则指社会人伦。而"文"与"化"真正合并为"文化"一词始于西汉。西汉刘向的《说苑·指武》中曾写道："圣人之治天下也，先文德而后武力，凡武之兴，为不服也，文化不改，然后加诛。"其大致含义是：圣人治理天下，先施以文德教化，如不奏效，再施加武力，亦即先礼后兵的意思。可以看出，这里的"文"和"诛"指的是两种完全不同的治理社会手段。但在西汉时期，人们对"文化"一词的理解并未达成一致的认识。直到唐代时期，孔颖达才对"文化"一词提出了较有见地的解释。他认为，文化就是社会的文化，即文学艺术与风俗礼仪等上层建筑的一些要素。因中国古代主要是在狭义的精神层面上对文化进行理解，如人类的精神、智慧、意识及其创造的成果等，因此还不能算作是对文化的定义。

《现代汉语词典》对文化的定义是："文化指在人类社会历史发展过程中所创造的物质财富和精神财富的总和。"

① Hall，E. T. ，1959，The Silent Language[M]. New York：Doubleday，169.

中国出版的《辞海》对“文化”有广义和狭义两种解释，“从广义来说，指人类社会历史实践过程中所创造的物质财富和精神财富的总和；从狭义来说，指社会的意识形态，以及与之相适应的制度和组织机构。”并进而指出文化是历史现象，具有阶级性、民族性和历史连续性。这一定义首先用物质文化和精神文化把文化成果包罗无遗，其次又把制度文化放到适当的位置上。

（二）英语中的文化

英语中的“Culture”源自拉丁语，“Culture”在这里同样具有两层含义，既有种植、栽培之意，也有对人的性情的陶冶及品德的培养之意。《牛津简明词典》（*Concise Oxford Dictionary*）对文化的定义是“艺术或其他人类共同的智慧结晶”。这一定义主要是从智力产物的角度阐释文化内涵，即深度文化，如文学、艺术、政治等。《美国传统词典》（*American Heritage Dictionary*）对文化的定义则是：“人类文化是通过社会传导的行为方式、艺术、信仰、风俗以及人类工作和思想的所有其他产物的整体。”这一定义拓宽了文化的包含范围，既包括深层次文化，又包括浅层次文化，如风俗、传统、行为、习惯等。

英国人类学家爱德华·泰勒（Edward Taylor）在其著作《原始文化》中指出，“所谓文化或文明，是包括知识、信仰、艺术、道德、法律、习俗以及包括作为社会成员的个人而获得的其他任何能力、习惯在内的一种综合体。”这一定义一直都被认为是最具权威性的定义，对学术界产生过重大影响，但这一文化定义更侧重精神文化方面，却不包含物质文化。

美国学者克罗伯和克拉克洪（Kroeber & Kluckhohn）在其论著《文化的概念》中指出，“文化由外层的内隐的行为模式构成，这种行为模式通过象征符号而获得和传递，代表了人类群体的显著成就，包括它们在人造器物中的体现。文化的核心部分是传统的（即历史地获得和选择的）观念，尤其是它们所带的价值。文化体系一方面可以看作是行为的产物，另一方面则是进一步的行为的决定因素。”

美国学者戴维·波普对文化作了比较全面的定义，他认为文化应有三个因素构成：①符号意义和价值观——这些都用来解释现实和确定好坏、正误标准；②规范准则——对在一个特定的社会中人们怎样思维、感觉和行动的解释；③物质文化——实际的和人造的物体，它反映了非物质的文化意义。这一定义与我国《辞海》中“文化”的定义是相一致的。

波特和萨莫瓦（Porter & Samovar）认为，“文化是一个大的人群在许多代中通过个人和集体的努力获得的知识、经验、信念、价值、态度、角色、空间关系、宇宙观念的积淀，以及他们获得物质的东西和所有物。文化表现于语言的模式以及活动和行为的样式，这些模式和样式是人们适应性行动和交际方式的样板，它使得人们得以在处于特定的技术发展阶段、特定的时间、特定的地理环境的社会里生活。”

综合上述定义可以看出，文化是历史的沉淀和结晶，是经过长期的积累逐渐形成的，是人类社会实践的产物，是人类创造出来并持有的精神财富和物质财富。

三、语言与文化的关系

语言学家从语言本质的角度论述语言的功能。语言作为一种人们共享的符号系统，是文化的产物，是文化的重要成分，所以从文化角度看，语言承担着重要的文化功能。这里就从以下几个方面来论述语言与文化之间的关系。

（一）语言是一种社会文化现象

语言属于一种社会文化现象，是文化的重要组成部分。文化包含物质文化与精神文化，物质文化中语言的作用并不明显，但语言对于精神文化的建设至关重要，精神文化需要语言来表达，需要语言来记载，语言是精神文化得以产生和发展的必要前提之一。但同时，语言又是人类在进化过程中通过改造客观自然创造出来的精神财富，二者都是为人类社会所特有，是人类区别于其他生物的重要标志。语言与文化两者相辅相成，但是却不等同，而是有大小之分。具体表现为，语言体现并表达某种文化，即语言反映文化，体现着文化心理的诸多特征，但同时又对文化心理的个别要素有着影响作用；文化是语言生成与发展机制，但语言的交流又为文化的多元化发展增添了新的内容。语言是沟通与交流的主要工具，文化通过语言表现出来。总体而言，如果说文化是一个涉及人类生活各个方面的大系统，那么语言就是这个大系统中的一个子系统。

（二）语言反映生存环境

文化的形成脱离不了自然地理环境的影响，特定的地理环境造就了特定文化，特定文化反映在语言中形成特定的表达。正如爱斯基摩语中有数量众多的关于雪的词汇一样，山地文化或畜牧文化中的自然生活环境和生活方式以及物质文明在其语言中都有所体现。英语习语和谚语中有大量有关海洋的表达，体现了英国海洋文明的生存环境和生活方式，见表 4-1。

表4-1　有关海洋的固定表达

词　组	字面意	比喻意
poor fish	可怜的鱼	可怜虫
with flying colors	打胜仗的战船归来时彩旗高挂	成功地，凯旋地
take the wind out of someone's sail	船在航行中抢其他船的风路	先发制人，占上风
any port in a storm	船遇上风暴时只要有个港口，不管好坏，能避开危险就行	危急时任何可解脱的办法
see how the land lies	看清海岸或河岸的走势后才确定航线	摸清情况，查明底细

（三）语言是文化的凝聚体

语言的社会属性使它成为文化的载体，语言凝聚和反映着某一民族发展的历史背景、宗教信仰、生活环境、生活方式、风俗习惯、思想理念、社会风尚等内容。语言成为文化积淀的载体，文化通过语言来表达。人类的一切文化活动、文化创造都离不开语言，民族文化的发展成果凝聚和积淀在语言当中。任何语言都是一个民族的人民创造的，是一定民族的精神创造活动的结果。语言中充满了民族的文化精神和文化心理，是一个民族世界观的体现。人对外在物质世界的感知和认识，人在从事改造物质世界的实践活动时的体验、感受和经验，无不反映在语言世界中。语言世界是人所建立的蕴含着人的全部精神创造的关于物质世界的镜像。因此，物质的和精神的世界全部存在于语言当中，以语言的面目和形式呈现出来，语言是人类的一切文化精神和成果的凝聚体。

（四）语言与文化互相影响

语言对文化的影响主要体现在语言在文化的建构与交流上起着不可替代的作用。人要建构文化，首先要对客观世界有所认知，而对客观世界的认识离不开思维活动，而语言是思维活动的外壳，所以思想这一思维的成果必然也要依附于语言这个物质外壳加以固定，只有这样，思想才能被感知，并用来进行交流和传播。个人思想发展成为集体财富并为群体所共享，也就形成了文化。当然，思想交流与传播的媒介不仅有语言，还有很多其他方式，如符号、手势、图画等，但这些媒介有着很多的局限性，就深度和广度来讲，远不及语言。由此便可知道语言在文化建构中的重要作用。此外，语言在文化交流中的作用也是显而易见的。随着世界全球化的不断发展，不同的文化之间在不断地交流、碰撞和相互影响，而这种趋势越来越明显。从发展的角度来讲，这种情况恰恰为人类文化的提升与发展提供了有利的机会。如果一种文化闭关自守，那么也只能加速其自身的衰败。而不同文化间的交流显然是以语言接触为先导的，不同文化之间的接触实际上就是不同语言的交流。所以，只有掌握了其他民族的语言，才能了解其他民族的文化。

另外，文化对语言也有着显著的影响作用。文化对语言的影响是多方面的，但这里仅对文化对语言特点的影响进行讨论。在文化环境中，生存环境是个重要的方面，而这一文化环境对人们所使用的词汇有着巨大的影响。由于生存环境的不同，在某些语言中表达某一事物可能会用很多词，但在其他语言中可能只用一个词。例如，在阿拉伯国家，骆驼是一种常用而且重要的交通工具，所以在阿拉伯语中就有 400 多个与骆驼有关的词；而在中国，骆驼并不常见，所以与骆驼有关的汉语只有一个；即使在英语中，与骆驼有关的词也只有单峰与双峰两个。

（五）语言反映宗教文化

宗教是人类社会与客观世界交往的产物，是一种世界范围的现象，属于社会意识形态。宗教是文化价值体系的内核，不同语言能够表现所在文化的宗教观念。中国文化中佛教是主要宗教，汉语中与佛相关的表达词很多，如立地成佛、借花献佛、佛口蛇心等；来自佛教的词语，如慧根、慧眼、慧心等。英语中很多表达方式则体现了基督教在英国社会生活的重要性，如表 4-2 所示。

表4-2　英语中有关宗教的表达

词　组	意　义	隐含意
for God's sake	看在上帝的分上!	天哪!求求你!
so help me God	我答应，我发誓	强调是说真话
by God	天啊!上帝啊!	表示惊奇、不相信、烦恼等
please God	但愿	强调对未来的希望
Good God	天哪!哎呀!	增强惊奇、烦恼或乐趣的语气

此外，不同文化间的接触与交流也会对语言产生重要的影响。例如，随着佛教传入中国，大量的佛教用语开始融入汉语系统中，如“世界、平等、现行、刹那”等。同样，一些具有代表性的汉语词语，如“功夫、太极、饺子”等也传入国外，并被越来越多的外国人所接受。

总体而言，语言与文化密不可分，两者始终是相互影响、相互作用的。

第二节　文化因素对商务英语翻译的影响

跨文化的知识和文化因素在翻译过程中起到非常重要的作用，尤其是在商务活动中，若交际双方能对跨文化差异有较为正确和充分的认识，将有利于商务活动的顺利开展。本节就文化因素对商务英语翻译的影响进行具体说明。

一、思维模式因素

语言是思维的载体，因而语言和思维是分不开的。人的语言表达受思维方式支配，因此，要研究语言就离不开对文化的研究。而研究思维不研究各个民族的哲学观就很难说明问题。每一个民族都有自己独特的语言理解和思维方式，在观察、理解与思维方式上都存在着一定的差异。英、汉民族之间不仅民族文化不同，而且在思维方式、思维特征、思维风格等方面也存在很大差异，而思维差异会进一步导致两个民族在语言表达上的差异：英语民族注重客体思维方式，而汉民族则主要是主体思维方式。因此，英语是注重主语（subject prominence）的语言，非人称主语用得多，被动句用得多，主语一般不能省略，连词、介词用得多。中国传统哲学主张“天人合一”“万物与我为一”，反映在语言上就是施事主体可以蕴含在行为事件的主观表现中。在汉民族的心目中，“人”是万物之灵，从而产生了以“人”为中心来思考一切事物的思维模式。在汉语的句子成分中，主语并不被看成是必要的成分。因此，汉语为主题突出（topic prominence）的语言，主语多为有生命的事物，无主语句较多，主动语态用得较多。中国人的思维充满了暗示，善用比喻，以外物间接地表达自己或其他事物，在说明问题时，爱用形象与比喻法，即使涉及逻辑推理问题也偏爱形象思维。而相对而言，受西方哲学思想体系影响，英语民族偏爱抽象思维。这一差别在语言上体现得十分明显，这种差异也必然会对商务英语翻译产生影响。例如：

天然活性炭成分，像磁石般有效吸走油脂及深层污垢。（曼秀雷敦男士活性炭沐浴露）

Natural Charcoal effectively absorbs and removes excessive sebum and dirt.

成人使用，可令您的肌肤如婴儿般娇嫩，温和滋润不油腻。（屈臣氏婴儿滋润霜）

The mild formulation is also ideal for adult use. Gently moisturizing without leaving skin greasy.

以上是两则化妆品使用说明书的广告，原文为了突出产品的特点分别使用了不同的比喻，如“像磁石般”“如婴儿般”，但是这些形象的比喻在译文中却无一保留，而是用了客观的语言进行表示，这也就充分体现了中西思维模式的差异对商务英语翻译所造成的影响。

二、民俗文化因素

民俗文化差异是指某种语言的词汇所指的概念在另一种语言社会里并不存在，原因就是各民族独特的风俗习惯创造了大量的民族习惯用语，因而在翻译过程中缺少对等的词汇。这种例子在英语和汉语之间是非常多的。例如，中国道教文化思想以及同农业社会密切相关的许多词汇在英语中很难找到对等的表达方式，如太极、惊蛰等。英语中的 vicar，priest，churchman，clergy，blackcoat，chaplin，minister，pastor 等词之间的差异很难翻译出来，很多情况下只好笼统地把它们译成“牧师”。英汉民族之间不同的社会习俗给这两个民族的价值观、审美观带来很大的差异，比较典型的就是对动物的态度的差异。例如，汉民族以虎为百兽之王，在汉语中，虎是权力和勇猛的象征，体现在诸如“龙盘虎踞”“虎毒不食子”等习语中。然而英语中用狮子取代了汉语中老虎的地位，具体体现在 Ass in a lion’s skin（狐假虎威），a lion in the way（拦路虎）等表达中。此外，中国人注重乡土观念，因而产生了“老乡”这一概念。而英语社会里，人们并不看重老乡关系，没有这一概念，所以更不可能有这样的词，因此要想准确地翻译也不是一件简单的事情。

三、宗教文化因素

宗教文化是人类文化的重要组成部分，是指民族的宗教信仰、意识所形成的文化，主要体现在不同民族间禁忌、崇尚方面的文化差异。其中，宗教禁忌对企业中开展国际商务活动有着诸多限制和忌讳。例如，印度教禁忌牛肉甚至与其相关的产品，佛教徒不沾荤腥，伊斯兰教禁忌猪肉、禁止抽烟喝酒等。国际商务相关从事人员在商务沟通和交流中都应将这些因素充分考虑进去，否则必然会阻碍商务沟通，甚至引发外交、政治纠纷，并给经济造成损失。

就商务英语翻译而言，英汉两种语言中涉及宗教文化方面的词汇虽然有些存在对应词，但由于所蕴含宗教文化信息的差异，在翻译时应灵活处理。例如，中国传统文化中“九”和“久”同音，常用“九”来表示“长久”之意。历代皇帝也比较崇拜“九”，希望天下长治久安。英语中虽然有 nine 和“九”对应，却没有汉语中与“九”相关的“长久”的内涵。

四、历史文化因素

历史文化指的是由特定历史发展进程和社会遗产的沉淀而形成的文化。不同的历史渊源形成了各民族间不同的生活方式和性格气质，并反映在语言中，尤其是在一些历史典故中，对浓厚的民族色彩和鲜明文化个性的反映更为明显。

在商务英语翻译中，只有掌握了丰富的历史文化内涵并采用恰当的翻译方法，才能更好地传译原作的风格和意图。例如，在我国文化中，诸葛亮是个家喻户晓的智慧的象征，然而西方人对此并不一定了解。那么在翻译“三个臭皮匠，赛过诸葛亮”这句谚语时，就应将直译法和增译法相结合，译为“Three cobblers with their wits combined equal Chuke Liang the master mind”更易于译入语读者理解。

第三节　基于文化信息等值的商务英语翻译

在国际上做生意意味着与不同语言、生活在不同文化之中的人们有频繁接触。不同文化背景的人进行交际的过程便是跨文化交际。任何不同文化之间的交往都需要在交流时克服异国文化的障碍，达到交流沟通的目的。作为全球商务语言，英语以它的多样性和易变性著称。英语在与其他语言的接触中成长，成为一种混合语言而不断迅速演变，以满足文化和交际的需要。所以，国际商务翻译人员要特别注意本国文化与异国文化的差异，以及英语在不同文化背景下的语义信息、文化信息差异，尽量做到文化信息等值或对等。

一、文化因素在商务英语中的体现

语言作为文化的载体，在漫长的发展过程中，吸纳了文化的各种要素，因而很多文化内涵都在日常的语言应用中有所体现。同时，语言也在很大程度上受到文化的制约，不同文化的语言往往呈现不同的特点。文化可以渗透到语言的各个层面，如词汇、句法、语篇等。

（一）词汇层面

词汇只有在与其相互作用的文化背景中才真正具有意义，正如著名翻译理论家奈达所说，“对于真正成功的翻译而言，熟悉两种文化甚至比掌握两种语言更加重要，因为词语只有运用在特定的文化中才具有意义”[①]。各民族的语言当中都蕴含大量象征一定社会文化意义的词汇。民族文化的词汇主要表现在两个方面：特定概念意义词和特殊文化意义词。

特定概念意义词是指由于民族文化的差异，在一个民族语言中存在而在另一个民族的语言中不存在的相应概念的词汇。在商务英语翻译过程中，经常会遇到英语文化中特有而汉语文化中空缺的词汇。例如：“telecommuters”在英文中指在自己家中办公，借助电话、传真、计算机和互联网等现代化通信手段与公司或客户保持联系而无须去公司办公的上班族。“desk copy”是美国出版界的特有做法，是“向著作者赠送样书以表示感谢”的意思，如果直译为“赠书”，则很难表达该词所承载的文化意义。需要重点说明的是，在翻译经济学、管理学文献的过程中，由于理论研究的深度和实践发展的程度不同，存在大量的术语。例如，美国俚语中，“柠檬”是“次品”的意思，因信息不对称而产生的“lemon market”本是由 Akerlof 于 1970 年在其著作《“柠檬”市场：质量不确定性和市场机制》中率先提出的，但在中文里并没有“柠檬市场”的说法，一般就应根据其文化内

① 尤金·A.奈达（Eugene A.Nida）.语言文化与翻译[M].严久生译.呼和浩特：内蒙古大学出版社，1998.

涵翻译为“次品市场”。再如，“babbling equilibrium”指的是“在博弈过程中可能出现的各个博弈方均认为廉价磋商毫无意义的结果”,直接翻译为“胡说均衡”显然失去或者改变了其中的社会文化的内涵和其经济学的内涵。同样，中国文化博大精深，因而中文也包含大量特定概念意义词，例如“易经”“阴阳五行”等。

特殊文化意义词指的是那些在不同的语言中虽然概念意义大致相同，但所附带的内涵意义、情感意义以及联想意义等却因民族文化的不同而有一定差异的词汇。商务翻译过程中，常常遇到“龙”的翻译。西方神话当中的“dragon”表示邪恶的怪物，并非中国人心目中的吉祥动物。又如，由于英国西临大西洋、东靠欧洲大陆，因而在英国人的意识里，从大西洋吹来的是和煦的西风，而中国人心目中的西风指的是萧瑟寒冷的。类似的简单词语一旦出现在商务语境，如商标品牌中，应引起译者足够的重视。同样，西方人总是着眼于未来，因而“tradition”一词意味着“过时的、可以抛弃的”，而中国人则以珍惜并发扬“传统”为荣。再如，“海燕（petrel）”在中、俄两国是进步和新锐力量的象征，但在西方经济界则指引起恐慌和震荡的人或事物，因此可以视具体情况用“pioneer”等词代替。还有一则例子是“Friday”，该词在英语中具有独特的含义，指发薪水的日子。所以在翻译“It was Friday and soon they’d go out and get drunk”时，应充分考虑其隐含的文化内涵，译为“星期五发薪水日到了，他们马上会出去喝得酩酊大醉”。

（二）句法层面

在句法层面上，英语讲究语言的完整和形式上的链接，有时态、语态的变化，主语一般不能省略，句子中包括许多串联语句的词汇；中文则注重意向性，没有时态和语态的变化，常使用无主句，连接词使用较少。此外，汉语强调动作的行为主体，多用施动者做主语；而英语强调客观叙述，多使用被动句式，以体现文本简洁、观点客观、较少感情色彩等特征，同时往往包含许多长句和复杂句，用以表达多层次的逻辑关系或者叙述一连串的因果关系。这些特点反映了英汉两种不同文化背景下人们思维方式的差异。如“Many a businessman has found out too late he has made a loss on a price that he thought would give him a fair profit, and his mistake was simply in quoting the wrong terms of payment.”（许多商人原以为可以在某个价位上赚上一笔，结果却损失了，等到发现这一点已为时太晚。其错误就在于制定了错误的付款条件。）

（三）语篇层面

下面就几种较常见的商务语篇进行剖析，以说明文化因素在国际商务翻译中的重要性。

1. 商务广告

广告文体是“实用”特征非常明显的文体。广告的语篇形式和内容是由不同语言的社会文化背景所决定的，每种语篇都在特定的社会文化环境中起到交际的作用。广告作者面对的是价值观念、思维方式、生活习俗近似的本民族读者，然而，广告的译者所面对的则是文化背景、风俗传统、价值观不同甚至迥异的受众。例如：“Father of All Sales—15% to 50% off（特大甩卖，全场八五折到五折）”。在英语文化里，人们习惯用“父亲（father）”代称大江、大河。例如密西西比河被称为“Father of the Waters”或“the Great Father”，而泰晤士河被称为“Father Thames”。而汉语中的“父亲”一词并没有这一文化寓意。相反，以农耕文化为主的汉民族，视水为孕育万物的母亲，因而习惯用“母亲河”称黄河、长江等。这一广告利用“father”的独特文化内涵，以夸张的手法，渲染让利的力度之大。再如，三菱汽车公司打开美国市场时，使用了以下广告词“Not all cars are created equal”。该广告套用美国人熟知的“All men are created equal”并加以改造，将原来的肯定句式改为否定句式，体现了车的优越性能。而三菱公司向中国宣传时，又将其广告词改为：古有千里马，今有三菱车。巧妙地利用了古代谚语，又使用了对偶的修辞手法，使中国消费者觉得生动形象。

2. 商务信函

商务信函指在国际商务活动中人们之间往来的函件。商务信函中所体现的商务礼仪本身也是文化的一个方面。希望得到尊重和理解是人类的共同特性，因此商务信函为使读信人产生亲切感，强调个人参与，经常会出现一些我方如何如何，贵方如何如何之类的话。这种个人参与模式在汉语商务信函中主要表现为使用第二人称尊称“您”或“贵方”以示对客户的尊重及自身的谦虚和礼貌。在英语商务信函写作中主要表现为“You attitude”（对方态度）。主语的选择通常为“you”，几乎不使用“I attitude”（我方态度），必要时也要用“We attitude”代替“I attitude”。所谓“You attitude”就是将自己置于对方的立场上，充分考虑对方的要求、需要、利益、愿望和感觉，尊重、体谅和赞誉对方。比如：“If you could make a reduction by10% in quotation，we have confidence in securing large orders for you.”（如果贵方能将报价降低10%，我方有信心为贵方获取大批订单。）

3. 契约

契约文体指具有法律、规章意义的正式文本，往往具有准确性、庄重性和严谨性。即使是在文体正式程度最高的商务合同中，也依然存在着文化因素。

从词源上讲，法律英语中的用词，很大一部分来自拉丁语系，尤其是法语和拉丁语。11世纪诺曼底人征服英国后，大量法语中的法律词汇涌入英语，比如cestui que trust（信托受益人）、estoppel（不容反悔，禁止翻供）、laches（对行使权力的懈怠）、force majeure（不可抗力）等。基督教传入英国后，拉丁语法律词也随之渗透到英语中来，比如ad damnum（至于赔偿损失）、per capita（按人数，每人）、ex parte（事后的，溯及既往的）、vis major（不可抗力）等。从法律文本的法律背景来看，英文商务合同一般是基于英美法系，正式名称是普通法系，而中国属于大陆法系。

二、基于文化信息等值的商务英语翻译策略

（一）培养文化敏感性，强化跨文化意识

对于文化因素，译者须给予必要的尊重，这就要求译者具备一定的文化敏感性。各国、各民族的历史背景、民族风俗、道德信仰、文化传统不尽相同，而且都有自己的文化禁区。在一种文化中非常有创意、有美感价值的内容，到另一文化中可能会因为文化价值取向不同而失去原有的美感价值，甚至造成民族情感的伤害。所以，对于文化因素，译者保持谨慎的态度、必要的敏感性和积极的探索精神显得尤为重要。比如，中国服装七匹狼商标被轻易翻译为“Septwolves”，便是没有考虑到英语读者对“Sept”这一前缀“腐败、脓毒”方面的联想寓意，

其实只要稍做改动，译为“7 wolves”，便迎合了西方人对数字 7 的偏好心态，营销效果就会大为不同。

（二）避免本土文化失语，寻找中西文化契合点

商务英语翻译的实践过程，既是一个吸纳、融化外国文化的过程，又是一个扭转本土文化被西方文化殖民的尴尬失语局面的过程。面对文化差异，译者应当寻找中西文化的契合点，在表达上寻求对等语，避免简单使用归化翻译，轻易放弃本土文化的话语权。其实，文化差异的客观存在并不妨碍商务英语的译者在外国文化和本国文化中寻找一个契合点。如果这个契合点是两种文化的交融，那是最理想的。即便很难找到理想中的契合点，译者也应采用灵活的方法，让这两种文化尽可能地接近，或是通过其他手法使带有异国情调的元素在译入语中得以再现。比如，面向社会征集英文商标的天津“狗不理”包子厂家最终选定的是“Go Believe”，就是找准了中西文化切入点的典型译例。“Go Believe”不仅发音上与狗不理契合，而且足以让英美人产生值得信赖的美好感觉。

（三）从容面对文化融合，纯洁、美化汉语文化

随着中国对外交往的日益频繁，商务英语方面的外来词（借词）日益增多，比如欧佩克（OPEC）、文化休克（culture shock）、拉力赛（rally）、露华浓（Revlon）、千年虫（millennium bug）、T 恤衫等。这些例词分别体现音译、半音半意、音译附加汉语语素、音意兼顾、借译、英文字母附加汉字等具体的翻译方法。同时也有一些词汇被借入或创建到英文中，比如 kongfu。随着中国第一位宇航员进入太空，“taikonaut”一词在外文中得以传播。大量新词汇的涌入、输出正是文化交流和融合的产物。面对这种现象，译者应该在保持开放心态的前提下积极应对，尤为重要的是，外来词要进入汉语的词汇系统，必须接受汉语的语音、语法和构词规则等各方面的改造，不但要符合汉语的发音习惯、语法和词汇规则，而且要满足中国人在历史、审美、伦理、价值观等方面的文化诉求。用开放的心态从容跨越文化鸿沟，自觉纯洁和美化汉语，继承、发扬和传播本民族的文化，理应成为每位译者的责任和目标。

总之，在商务英语翻译中造成中西文化冲突现象的原因是多种多样的。分析

其主要成因，首先是逻辑思维存在差异，其次是价值观念存在差异，再次是行为规范存在差异，最后是语用的迁移造成的影响。要保障跨文化交际的顺利进行，就必须了解对方的行为规范，最好的方法就是“入乡随俗”。人们对客观事物的评价和解释通常建立在自身的文化基础之上，这种文化的标准规范只能在自身中按其特定条件加以解释。进行商务英语翻译时必须特别注意这些差异，必须在外国文化和本国文化中找到一个切合点。如果这个切合点是两种文化的交融，那就是最理想的了。但是，往往由于文化差异，有时很难找到切合点。这时，译者就必须用自己的能力让这两种文化尽可能接近，以达到更好的融合效果。

第四节　商务英语文化翻译

翻译是跨文化交际中思想沟通的手段，而中西方在思维方式、心理因素、地理环境、传统习俗、审美观、价值观等各方面大相径庭，并体现在各自的语言之中。这种不同文化之间的差异同样影响着商务英语翻译，因此译者必须意识到许多文化差异对商务的影响，避免出现“文化冲突”。进行商务英语翻译时，应在忠实原文的基础上，进行符合文化特性的调整，尽可能找到双方文化的切入点，通过“归化”等手段将差异最小化，对接两种文化，从而实现翻译效果的对等。

一、商务英语的文化意识与对策

中西方由于种族渊源、自然环境、宗教信仰、经济发展程度等因素的不同，构成了各不相同的文化体系，从而人们的观念传统、思维方式、价值取向以及语言表达等也大相径庭。

（一）了解不同思维方式及价值取向

英语民族思维方式为直线思维，先考虑中心事物，然后加上外围因素，反映在话语结构上为直线性；汉语民族则习惯曲线思维，先考虑事物的环境和外围因素，再考虑具体事物或中心事件，反映在话语结构上呈螺旋形。英汉思维方式完全相反，因此翻译时应将思维差异纳入考虑范围，从译入语的角度处理译文。例如：

因为双方都负有责任，如损失全部归我们负担是不公平的，我们只准备偿付50%的损失。

It shall not be fair if the loss be totally imposed on us as the liability rests with both parties. We are ready to pay 50% of the loss only.

汉语句子先阐释原因："双方都负有责任"，再表明态度："不公平"，充分体现中国人的曲线思维。英译时应考虑到英汉思维方式的差异，先表明态度"not fair"，再解释原因，以免对方误解中方在拐弯抹角[①]。

中国人个性较为内倾，人的价值通过"自省、克己"来表现，而西方更注重"自由、独立、竞争"，因此性格与价值观偏向外倾，如美国著名品牌Nike的广告：Just do it. 想做就去做。

对美国来说，这句标榜"独立、自由"的广告语极为普通，但在中国人眼中，由于社会自律和传统心理的影响，认为该译文具有诱导青少年犯罪之嫌，因此，为符合译入语的价值观，改译为："应做就去做。"

同样，中国的集体主义价值观在广告上常反映为"老少皆宜"（suitable for people of all ages），"人人都喜欢"（loved by all）等表达，因为在中国，从众心理是促进购买行为的主要因素。而这在西方却很可能因缺乏明确定位遭到冷遇，因此译文应考虑到满足消费者的群体差异。

（二）加强文化知识的学习，在翻译过程中注重跨文化的意识

在商务英语翻译中，应该注重不同国家的语言和文化之间的紧密联系，因此要求翻译人员应该熟悉掌握不同国家的文化背景。一种语言并不是单独存在的，而是和文化相互依存的。在商务英语的翻译过程中，不可能摆脱不同国家的文化来对英文进行翻译，在这种情况下翻译的内容也是不准确的。西方国家和汉族在价值观念、民俗风情以及宗教信仰上都是不一样的，因此导致其语言的表达形式也不一样。在商务英语的翻译过程中，这些是不可避免的。因此，翻译者必须加强对不同国家文化知识的学习，培养自身的跨文化意识。当然，掌握不同国家的

① 魏倩倩.商务英语翻译中的跨文化交际[J].滨州学院学报,2012（1）：112.

文化并不是在短时间内就可以实现的，要求在平常的学习中和实际的运用中加强意识，对于不同国家的文化知识，例如风俗习惯、生活习惯以及说话习惯等提出更高的关注，在日积月累的过程中慢慢提升跨文化意识。在商务英语的翻译过程中，只有注重不同国家的不同文化意识，才能提高翻译效果。

（三）熟知商务词汇的文化内涵及不同审美观

中西方审美观受各自历史文化、传统习俗等影响可能迥然不同，一种文化中推崇的事物，在其他文化中未必引起共鸣。例如，Zephyr 是英国的汽车品牌，意为“西风”，因为英国东面是欧洲大陆，西临大西洋，西风从大西洋吹来很温暖；而“东风”为中国的汽车品牌，因为在中国，西风凛冽，东风送暖，两个品牌名体现了两国完全相反的审美观。因此在翻译中应避免对等式的简单翻译，注重两种文化审美观的衔接，例如：

鸳鸯（枕套）——Mandarin Ducks：直译导致源语言中爱情的含义丧失，可考虑译为 Lovebirds。

飞鸽（自行车）——Flying Pigeon： pigeon 是一种又小又弱的鸟，而 dove 则象征和平，可考虑译为“Flying Dove”。

杜康（白酒）——Dukang：直译后的“dukang”仅是一个发音，不再包含酒圣或美酒的意义，可考虑译为“Bacchus（希腊酒神）”。

金龙（旅行车）——Golden Dragon：直译后的“dragon”在西方人的心目中并非吉祥之物，宣传效果可想而知，因此可改译为“King Long”。

Sprite（饮料）——小精灵：尽管小精灵有可爱之意，但中国人仍可能联想到妖精、魔鬼等可怕形象，因此译文根据中国人的审美观译为“雪碧”，意味着“清新凉爽、清澈透明”，得到中国消费者的广泛认同。

（四）综合应用多种翻译技巧

在商务英语的翻译过程中，还要求翻译者掌握更多的翻译技巧，从而使整个翻译过程更加顺利。在很多英语商务文件中，常常会使用一些套用的句式，因此在翻译的时候，也应该采用固定的翻译方法，须结合双方的文化特点，灵活运用各种技巧，如将直译、音译和意译相结合，转换文体句式及修辞引申等，以实现功能与文化对等，避免文化差异造成的误译，同时还要再现商务英语正式、准确、规范的特点。

例如：“索”牌塑料绳具——Solid。Solid与“索”谐音，而Solid在词义上又与源语“坚固耐用”的含义相吻合，这样翻译收到了音谐意谐的双重效果。从语言功能看，该译法使源语的信息功能、美感功能和诉求功能等都得到了有效传递，可以很好调动消费者的购买欲望。

跨文化意识的获得往往是一个心理适应和行为认同的复杂过程。在商务英语翻译中，译者必须有意识地培养对英汉文化差异的敏感性，在译入语中找寻对等语或对文化信息进行适度调整，以有效避免文化冲突，再现源语的信息和文化内涵，从而实现文化信息的对等。

（五）勤查阅相关专业词典文献

商务英语词汇涵盖的专业面广，一些商标名称、经济和法律概念、标识语等往往要遵循商务英语翻译的通用原则，以免造成误解。例如：

小商品博览会——general merchandise show，而非small goods fair；

外向型产业——export-oriented manufacturing，而非external-directed industries；

三角债——chain debt，而非triangle debt

夫妻（婚后）协议——postnuptial agreement，而非post-marriage agreement。

类似的词汇还有：

免息期——interest-free payback

二手房交易——second-hand home transaction

成品油定价机制——gasoline and diesel pricing mechanism

燃油附加费——fuel surcharges

中国人民银行行长——China's central bank governor

又如涉及美国次贷危机的一个句子：

Now，though，with recession，starting to look even more likely，the heat under policy-makers is come not just from Wall Street but from Main Street and Capital Hill.

中国人对Wall Street与Capital Hill比较了解，分指美国企业界和美国立法机构所在地，但对Main Street可能就比较陌生，译者可结合相关文化背景，译为“购买次级债的小城镇居民”。

因此涉及此类翻译时，应尽量参阅相关商贸英语文献，以及《中国翻译》《中国日报》等权威报刊，以确定商务领域的通用译法。

综上所述，作为沟通国际间经济和商务活动的工具，商务英语在国际贸易中发挥着相当重要的作用，而商务英语翻译较普通英语翻译更为复杂，除要求译者具有扎实的语言基础外，还须熟悉商务领域的相关专业知识，了解商务英语的个性特点和规律，熟知各国经济交往中的文化差异，并通过了解不同文化背景、思维方式、审美观、价值观等采用相应对策，遵循忠实、准确、统一的翻译原则，以期实现译文的功能对等。

二、商务英语文化翻译策略

商务英语翻译与文化有着紧密的关系，商务英语翻译中渗透着各种文化因素，并受其制约。而要想顺利地进行商务英语文化翻译，除了了解文化因素方面的影响，还要掌握一定的翻译策略，具体包括归化策略、异化策略和增补策略。这三种翻译策略是商务英语文化翻译的总体和主要策略，对具体商务英语翻译起着统领作用。以下就对这三种翻译策略进行分析与说明。

（一）归化策略

归化（domestication）是指在翻译中采用透明、流畅的风格，最大限度地淡化原文的陌生感的翻译策略。它应尽可能地使源语文本所反映的世界接近目的语读者的世界，从而达到源语文化与目的语文化之间的“文化对等”。归化策略（domesticating translation）是以目的语或者译文读者为归宿，将原文中的与目的语相异的要素用目的语本身代替，从而使得译文通俗易懂。归化策略以目的语文化为归宿点，坚持本族文化的语言传统，回归本民族的语言表达方式，要求译者采用目的语读者习惯的表达方式传递原文信息，向目的语读者靠拢，也就是采用自然、流畅的本民族语言表达方式来展现译语的风格和特点。总体而言，归化策略具有使译文更生动、地道、便于读者理解的特点，也颇受译者的青睐。例如，“The man is the black sheep of family.”译成“害群之马”，喻意就会一目了然，而如果译成“那人是全家的黑羊”便会使人感觉迷惑。

这种翻译策略在商务英语翻译中同样适用，因此在翻译时，译者为了更好地凸显让利幅度，通过采用归化的方法，舍弃原文的字面含义，真实地传递了原文的文化信息。

The CEO told his product managers to get rid of all the dogs so as to reduce loss and increase overall profits.

为了减少亏损并全面增加利润，公司的首席执行官告诉产品部的经理们销毁所有的次品。

在商务语境中，dog 并不是指“狗”，而是指不盈利的产品或者质量差的产品。这里译者采用归化法，准确地再现了原文的含义。

“Give up my Pepsi? Don’t even think about it.”

BE YOUNG

HAVE FUN

DRINK PEPSI

以上是“百事可乐”的英语广告。如果采用异化翻译策略，可将其译成：

“不让我喝百事可乐？想都不要想！”

留驻青春

拥有乐趣

畅饮百事

陈小慰认为“原文通过其语言手段所达到的推销效果在国内文化语境中将荡然无存”[①]。可见由于民族心理文化的差距，直译很难达到与英语广告相似的效果，因此百事可乐公司根据中华民族喜欢喜庆的心理文化特点，在汉语广告中除了保留原文的品牌名外，还进行了创造性的改写，将原文变译为：

新事可乐

旧事可乐

小事可乐

大事可乐

祝您百事可乐！

“百事可乐”本是一个饮料的品牌名称，但是通过迎合中国传统佳节——春

① 陈小慰.新编实用翻译教程[M].北京：经济科学出版社，2006.

节这一喜气洋洋的节日，产生了新的含义，意味着“万事如意”。这样的翻译必然会赢得中国消费者的喜爱。

（二）异化策略

异化（foreignization）是指偏离本土主流价值观，保留原文的语言和文化差异的翻译策略；或指在一定程度上保留原文的异域性，故意打破目标语言常规的翻译策略。它主张在译文中保留源语文化，丰富目的语文化和目的语的语言表达方式。异化策略（foreignizing translation）是指以源语或者原作者为归宿，将源语中的价值观规划到目的语文化中，也就保持原有的“异国情调”。异化策略以源语文化为归宿点，主张保留外来文化的语言特色以及语言表达方式，要求译者向作者靠拢，采用作者所使用的表达方式来表达源语的内容和思想，旨在保存和反映异域民族特性和语言风格特色，让读者感受不同的民族特色，体会不同的文化和语言差异。这种翻译策略在商务英语文化翻译中也经常使用。例如：

纸老虎 paper tiger

铁饭碗 iron rice bowl

万宝路（美国香烟品牌）Marlboromen（always remember love because of romance only）

“万宝路”是美国著名的香烟品牌广告。译文通过运用源语言习惯的表达方式并保留着源语文化中浓厚的美国西部色彩，将该产品的原汁原味充分地展现给中国年轻的消费群体，这一异化处理的方式展现了西部牛仔浪漫潇洒的雄风，起到了良好的宣传效果，有利于充分地调动消费群体的兴趣以及购买欲望。

（三）增补策略

由于文化背景的不同，一种文化中习以为常的现象在另一文化中却可能是陌生新奇的，在这种情况下，译文中就需要对原文的文化背景知识进行补充，即使用增补策略（supplemented strategy），使译文读者能够准确把握译文的信息。商务英语文化翻译也经常使用这一策略。例如：

Medigap policies are policies that are specifically designed to complement your Medicare benefits.

补充性医疗计划就是专门用来补充医疗保健福利的计划（注：Medigap policies 指的是补充性医疗计划，这是美国的一种私人健康保险计划，旨在承保未列入政府保健计划中的医疗支付款项）。

对于上述英语原句中的 Medigap policies（补充性医疗计划），由于汉语中没有与之对应的词语，因此如果不进行进一步的解释，往往会给读者的理解造成困难，令读者无法认识该词语的真实含义，更无法理解该词所体现的关于西方医疗保障体系方面的相关内容。译者在翻译时，采用加注的方式很好地说明了其含义。

总体而言，当商务英语翻译涉及文化方面的问题时，可以尝试使用归化策略、异化策略，在内容形式上既注意保留，又需要做适当调整，以使译文更容易被接受，从而保证商务活动的顺利进行。当遇到文化空缺问题时，就可以采用增补策略，补充一定的文化信息，以便读者理解原文所特有的文化含义，促进商务交流的顺利进行，从而使商务活动达到预期的效果。

第五章　跨文化视角下的商务英语实践

第一节　跨文化视角下的商务会展交际

随着经济水平的提高，会展业作为服务业的一支新秀，在21世纪得到了迅速发展。它高效、无污染、带动力极强，对旅游业、餐饮业、酒店业和交通运输业等相关服务行业具有巨大的联动效应。同时，会展业也是提升区域形象和培育区域竞争优势的重要途径，是区域在建设同质化、产业雷同化的激烈竞争中脱颖而出的重要选择。

一、会展的基本概念和特征

（一）会展的定义

会展是指在特定的空间、时间内多人集聚，围绕特定主题进行交流活动。会展的定义有狭义和广义之分。广义的会展是会议、展览、大型活动等集体性活动的简称，是指在一定的地域空间，许多人聚集在一起形成的、定期或不定期、制度或非制度的传递和交流信息的群众性社会活动，其概念的外延包括各种类型的博览会、展览展销活动、大型会议、体育竞技运动、文化活动、节庆活动等，而狭义的会展仅指展览会和会议。

这个定义揭示了会展内涵的五个主要方面。

（1）特定空间

会展活动通常集中在特定的会展场所的空间内，一般多在会展中心或展览馆内。

（2）特定时间

展览会一般都有特定的展览期限即展期，如世界博览会展期一般为6个月。

（3）集体性

展览会凝聚人气，是集体性的人类社会活动。有人展示、演讲，有人观赏、听讲。

（4）特定主题

一个展览会通常总是围绕某一个指定主题，组织与该主题相关领域的参展商汇聚于展览会。一个会议总是围绕指定的目标议题进行讨论、交流。展览的主题种类繁多，可以是促进经济、弘扬文化、加强教育、发展体育等各类主题。

（5）交流

展览会的根本目的在于促进人们的交流，这种交流既可以是精神交流，也可以是物质交流。精神交流包括信息交流、知识交流、观念交流、思想交流、文化交流。物质交流包括商品交易、物品交易、货币交易等。

（二）会展的本质

会展为参展商和观众提供一个理想的沟通和交流的平台。通过这个平台，观众能在短时间里，接触到许多不同的提供某一类产品的参展商，接触到许多不同的展品，较充分地了解参展商的有关情况和参展品的结构、功能、性能、外观等；参展商也能在短时间里接触到大量的观众。通过参展，参展商将企业形象、产品信息告知观众；通过参观，观众可以找到供货条件更好的供应商，寻找到新的商机。

企业将参展视为与广告、人员销售等一样实现其营销目标的一种手段，观众将展览视为采购信息和发现商机的一个渠道。因此，通过展览将参展商的信息传递给观众是展览会的本质，即信息传播是展览的本质所在。也就是说，会展的本质是传播和收集信息，进而为企业寻找商机。

（三）会展的基本特征

（1）会展的一个鲜明特点是信息的高度集中

通过运作，组展者将许多不同企业的展品云集在同一个地点向大量的观众展示。专业展览会通常是三到五天，在短短的几天里，参加一个成功组织的展览，参展商通常可以接触到整个行业的大部分客户，获得很多有关客户的信息。而其他诸如电话营销、销售人员拜访客户等营销方式，通常都不可能在如此短的时间内接触到如此多的客户，通过参展营销接触到的客户可能比用其他营销方式一年所接触的客户还多。因为通过组展者和所有参展商的共同开发，某行业几乎所有的潜在客户都可能来参观展览。

参展商与观众大量集中的一个显著效果是信息收集成本的大幅度节约。就参展商而言，可以在短时间内接触到大量的观众；就观众而言，可以在同样短的时间里与大量潜在供应商接触，其他方式都无法获得这样的效果或者用其他方式接触如此多的供应商将花费更多的时间和费用。

（2）会展的联系面广

在展会上，企业现有客户和潜在客户（包括代理商、批发商、零售商）甚至最终顾客和供应商都可能来参观展览。会展的联系面广是其他营销方式无可比拟的。

（3）展览会对企业的宣传是全感观的、立体的和全方位的，这是会展又一鲜明的特点

展览通常是在一个实物环境中，展出的是看得见、摸得着的鲜活实物产品，观众可以使用他的全部感觉器官，即五觉（视觉、听觉、嗅觉、味觉及触觉），对展品进行全面、真实的感受，留下生动深刻的印象，并通过心理活动对展品进行全面的评价。譬如，如果展示的是食品，观众不仅可看其颜色、问其成分，还可以亲自品尝一下，体验其味道，显然一个美味的食品必将给他留下难以忘怀的记忆；如果是化妆品展，观众可以在展览会现场闻其发出的香味，香味迷人的化妆品肯定会激发观众的购买欲。随着高科技的迅猛发展，生产的产品日益复杂，仅靠单向的信息交流、单一的感官体验不足以使观众对高科技产品有全面了解。对于高技术产品或者复杂产品，亲自感受一下也非常有必要：看看

电视机的色彩，听听音响设备的音质，敲敲电脑的键盘，借以了解其性能。总之，观众可以使用各种感官对展品进行详尽、全面的感受，从而增强对产品的深入了解，这是展览会所具有的鲜明优势。

（4）会展的另一个特点是不断创新

这里的新，不仅指在某次展会上，参展商可能会遇到新的潜在买家，观众将遇到新的供应商、新的产品和服务，而且指许多展会每届都有新的主题，每届都有新的亮点，反映了会展的与时俱进、与时代共舞。例如，现在的世博会每届都有新的主题。会展是新产品走向市场的重要舞台，许多新产品都是通过参展走向消费市场，实现其价值的。从科技发展史来看，许多划时代的发明创造，如电话机、留声机、蒸汽机车、电视机等都是首先在展览会上进行展示进而推广的。即使在信息技术高度发达的当代，展览的广泛性、直观性，对推广新技术、新发明仍然发挥着不可替代的作用。展览会上经常举办的一些讲座或者论坛，邀请的是某行业国内乃至国际上知名的专家和学者，这对传播新知识和新理念、促进国内及国际间的沟通和交流发挥了相当大的作用。当然在展会上也有许多老产品，展示老产品是为其寻找新的市场，同时借此向观众展示企业的历史和辉煌，巩固与老客户的关系。

（5）需要说明的是，参加会展可以说既是一种营销方式，又是多种营销方式完美的组合

现代会展不仅是实物的静态展示，而且是利用高科技，动与静、光与色、广告与图片、活动与音乐等手段加以灵活结合，展品与展台、展馆实现完美结合，使人置身立体艺术、平面艺术、灯光艺术的海洋，令人产生美好的感受；而展览与会议的结合，展览与人员促销的结合，大大丰富了会展的内容和内涵，提升了会展的档次，增加了会展的吸引力。

二、会展英语语言特点

目前，会展业已经发展成为世界各国重要的产业。每年在全国举办的会展不计其数，涉及各行各业，包括轻工业、机械、纺织、食品、科技等诸多领域。

近年来，我国会展业在促进经贸、科技、文化交流和合作方面的作用也越来

越明显，特别是对拉动经济、推动信息技术和资本人才流动领域的贡献是其他行业不可比拟的。会展英语成为其中必不可少的交流手段。会展英语主要分成两大类：会议英语和展览英语，其内容包括项目策划、展位介绍、展商服务、现场接待、展品运输、展后服务、签订合同、投诉处理以及商务信函等环节。

会展英语是一种应用语言，具有用词准确、结构严谨、格式规范的文体特征。本小节拟从词汇、句子和语篇等方面进行分析，探讨会展英语的翻译方法。

（一）会展英语词汇特点

1. 用词简洁，强调准确性

一些在普通英语中意思相近的同义词在会展英语中代表的含义却有很大的差异。例如，普通英语中，participate in 和 attend 都可以表示参加，但是在会展英语中 participate in 表示作为展商“参加展览会”，而 attend 则表示“参观展览会”。再以“会议”为例，会展英语中不同类型的会议有着不同的表达方式，具有不同的含义。如 negotiation 洽谈会，seminar 交流会，display 陈列会，forum 论坛，convention 年会，conference 专业会议，exhibition 展览会，exposition 博览会，fair 交易会，symposium 座谈会，panel 专家讨论会，workshop 现场讨论会。另外，还有一些表示各种展览会的短语，如 trade fair 行业贸易展览会，consumer show 消费类展览会，public show 公众类展销会，product launch 产品发表会等。英语作为国际性会展的工作语言，涉及大量的专业词汇和术语。只有语言规范化、专业化才能使国际会展活动从宣传到实施产生经济效益和国际竞争力。

2. 大量使用缩略语

会展英语中拥有大量的缩略语，译者必须凭借专业知识进行准确翻译。如 MICE（meetings，incentives，conferences and exhibitions）是各类会议、展览以及与会展相关的旅游和节日活动的总称，LOE（list of exhibits）展品清单，UFI（Union of International Fairs）世界会展联盟，ICCA（International Convention and Conference/Congress Association）世界会议协会，RFP（request for proposal）招标说明书 / 报价要求，CMP（certified meeting professional）注册职业会议筹划者，

I&D（installation & dismantle）展台搭建和撤展，MPT 国际会议专业委员会，IAEM 国际展览管理联盟，TSEA 贸易展会参展商联盟。

3. 具有丰富的专业词汇

在国际会展中，经常会出现一些专业术语，用词相对固定且准确。正确理解这些术语的含义，有助于从业人员开展正常的会展英语信息传递与交流，避免产生误解与歧义。如在会展时间中，marketing“营销”指的是对整个展览项目的市场宣传和推广，而 sales“销售”指的是对具体的展台和面积的销售、广告和赞助的招揽工作；Move-in 指布展期，move-out 指撤展期。再如 floor order 是现场租订，incentive travel 奖励旅游，turkey stands area 标准展台区。另外，同样的汉语意思，在各国英语中有不同的表达方式。如“展位”在英语中美国人用 booth，而欧洲国家多用 stand 来表示；对公众开放的展览，美国人称之为 exhibition，而欧洲人称为 fair；对于 ex quay（目的港码头交货）这一价格术语，在美国被称为 ex dock，而英语则用 ex wharf。因此，要想在翻译中做到信息等效，应拓展普通词汇在专业工作环境中的深度和广度。译者要有丰富的会展知识，了解完善的国际会展体系，才能使译语达到专业化的标准。同时，还要对各国的英语表达习惯有所了解，根据参展商的国别和文化差异选择恰当的词汇和表达以示尊重，从而有利于磋商。

（二）会展英语句子特点

1. 语言简练、注重礼节

会展活动既是商务活动，又是技术交流活动。会展工作现场会涉及大量的英语口语交流。因此，在会展实践中首先要体现礼貌原则。在提出建议或请求的时候，采用简洁、委婉的方式，以便建立良好的商务环境，促进双方的理解和合作。

例 1：Would you please fill in the application form and send them back to the Organization Committee？

会展英语中的现场接待是为企业赢得良好印象的关键，进而为洽谈生意创造条件。所以在语言的使用上力求简练、委婉，争取在第一时间内满足客户在服务和情感上的潜在需求。

例 2：We would put your company introduction in our Show Updates if you could confirm your booth space now.

英语中采用的虚拟语气使行文或谈话更加客气，带有一种商量的口吻。

目前，展会期间经常会举行新闻发布会或进行媒体采访工作等，在提出问题时需采取较为正式、得体的句式，以示对被采访者的礼貌和尊重。

例 3： Could you please elaborate a little more on the significance of world-Class technologies to the Chinese market?

美国语言学家格赖斯（Grice）认为："人们的言语交际总是遵循一定的合作原则和礼貌原则，双方达到相互了解，相互配合，使谈话顺利进行，最终使谈话的目的得以实现[①]。"为了创设良好的会展商务环境，达到贸易双方各自预期的目的，会展英语的交际要体现"措辞婉转，讲究礼节，语言简练"的特点。如：

例 4：While we appreciate your cooperation，we regret to say that we can't reduce our price any further.

例 4 中为了避免过分强调自己的观点引起对方的不快，使用缓和法，既表达了自己的愿望和立场，又不至于使语气过分生硬。

其他常用句型有"Would you please tell us the specification…？ / Would it be too much to ask you to respond to my question by tomorrow?"在翻译时应注意中英文句型的切换，英译中时无需对"Would it be too much to ask you to..."的句型直译为"我请您……会要求太多吗？"，因为该表述不符合中国人的表达习惯。而中译英时可以使用"Will you please…?"的句型，但远不如"Would it be too much to ask you to…"一说来得客气。又如"I wonder if you have found that ……. I think the prices…"这一句型在句首用"I wonder if…"和"I think"来弱化语气，目的是为了在表达主观意见时避免引起对方的不悦或反感，从而创造平等协商的气氛。

英语中用来表达礼貌的形式和方法众多，除用委婉语外，还可以通过时态、语态、语气和句型等语法变化达到目的。

① 何自然.语用学概论[M].长沙：湖南教育出版社，1988.

2. 多采用被动句式

会展英语中被动态结构的使用频率很高，主要是为了强调宾语或没有必要提及动作的主语，甚至不知道动作的主语。

例 5：The New York IAS is actually described as a premiere annual automotive event that is well recognized both nationally and internationally.

例 6： London Fashion Week is now established as one of London's premier events，it attracts key fashion leaders，retailers and press all over the world.

介绍公司、展会的性质时常用被动语态，如“be established，be counted，be said，be described as，be considered”等句型。

3. 时态多用现在时

在会展英语中经常使用一般现在时和现在进行时态，目的是使对方产生现时感，使谈论的内容具有可靠性和客观性。如：

例 7：This product is now in great demand and we have on hand many enquiries from other countries.

一般现在时的使用还能表示已方的坚定立场和一贯做法，也能给对方以信心。

例 8： It is our permanent principle that contracts are honored and commercial integrity is maintained.

4. 省略句使用频繁

会展英语，尤其是会展英语口语中常使用省略句式，体现口语体的简洁。

例 9： What if I didn't agree?

例 10： Why not go there see for yourself?

例 11：——We're hosting an international conference on education.I thought you would be interested in sponsoring this event？

——Why should we？ What will the event offer to us？

5. 慎用否定句式

会展的贸易磋商过程中，贸易双方为争取自身的最大利益，往往要在重要条款上坚持自己的立场和要求，但是直接用否定句往往会使谈判陷入僵局。

例 12：We can’t agree with the alterations and amendments to the contract.

为了顾及对方的情绪，尽可能减少误会和冲突，使磋商顺利进行，可以用特定的一些表达来弱化否定句的语气，避免态度生硬。

例 13：I’m afraid we can’t agree with the alterations and amendments lo the contract.

（三）会展英语语篇特点

语篇产生的情景语境和文化语境有关。会展英语的文化语境体现在商务人员在平等合作、互惠互利的基础上进行的商业活动。因此，平等性、灵活性和说服性是会展语篇中体现的主要文化特征。从语体上看，会展英语有正式文体和非正式文体、书面语和口头语之分。正式文体包括法律文书、商务信函、财务报告、政策文件等；非正式文体包括便条、通知、私人信函等。由于东西方在文化、思维及语言方面存在着差异，所以作品中也体现出不同的写作风格和类型。英语的语篇多为演绎结构，表达直截了当，逻辑性强，重形合；汉语的语篇往往婉转含蓄，多用归纳结构，重意合。这一点在会展英语中尤为突出，例如运用演绎结构多于归纳结构，直接表达多于迂回表达。在语篇整体同部分之间、各部分之间关系明确、层级分明。

在进行会展英语翻译时，需要考量东西方文化差异和语言使用特点，注重语言翻译中整体语篇和局部语篇间的联系和作用，达到层次分明、关系准确的效果。外国和中国会展事业发展程度不同，所以需要通过翻译有效地降低相关内容的歧义性理解，尤其是不同文化下所衍生的特有事物。实际上语篇特征也需要达到会展英语翻译的整体统一效果。

三、会展英语翻译技巧

目前国内外相关研究学者对会展英语进行了广泛的研究，对会展英语翻译的标准有了普遍共性的认识，表现为通顺、达意、标准等。

（一）“信息对等”标准下的会展英语翻译

会展英语的涵盖面较广，涉及众多的不同领域、不同问题，所以会展英语翻译的标准有其特殊性，鉴于会展英语这种特性，会展英语的翻译标准可以是“信息的灵活对等”，即原文与译文语义信息的对等，原文与译文风格信息的对等，原文与译文文化信息的对等①。

1. 会展名称的翻译

会展的名称通常包含会展举办的时间、地点和类型名称。英语表达是直线思维，习惯将强调的重点前置，故而展会的时间和地点等次要信息后置；而汉语表达是曲线思维，习惯将重要信息后置进行强调，所以展会的时间和地点会放置在前。在翻译会展名称时，要密切关注展会中地名位置和数字形式的翻译。

（1）会展中地名的翻译

在国内会展名称翻译过程中，译者往往追求与中文名称表面上的对应，这样就造成多重地名的问题。国内会展的中文名称往往包含多个地名，第一个是国家（中国），第二个是举办城市（通常还在括号内）。这种名称在英译时，如果按照中文格式原封不动地移植，是不符合英语习惯的。

例 14：中国（大连）国际服装纺织品博览会

译文：China（Dalian）International Garment & Textile Fair

而在国外会展名称中，一般不会同时出现两个以上地名，如果需要说明会展是在哪里召开的，可以在名称之后注上地名。

例 15：Canadian Mining and Industrial Expo，Sudbury，Ontario

译文：（在安大略省萨德布利市举办的）加拿大采矿工业博览会

例 16：International Home Show，Mississauga

译文：（在加拿大米西索加市举办的）国际家庭展

通过中外会展名称比较，可以看到两者之间的区别主要在于地名的位置上，因此“中国（大连）国际服装纺织品博览会”可以改译为“China International Agricultural Fair，Dalian”。而在会展名称中表示参展国的名称位置则应置于

①钟晓.会展典语语体特点及翻译方法[J].天津市财贸管理干部学院学报，2012（2）：81.

展会名称之前，如“第八届中国—东盟博览会农业展”译为“The 8th，China-ASEAN Expo Agricultural Exhibition”。

（2）会展名称中数字的翻译

会展名称翻译中所涉及的数字主要表现在年份和活动举办的届次或次序的数字上。按照国外展会的表述方式，会展名称中的年份习惯后置，重点在于突出会议的主题；而中国的会展则习惯将举办的年份放在最前，英汉互译时就要尊重目标语言的表达习惯。如：

例 17：KBB London 2011

译文：2011 年英国伦敦精品厨卫展览会

例 18：ICHT FAIR INTERNATIONAL 2012

译文：2012 年美国国际照明展

此外，有固定周期举办的活动往往按照举办顺序依次标示，英译时序数词前应加定冠词，序数词应用非省略形式置于名称之首。当然序数词既可以是数字加后缀的形式，如 5th，也可以是词汇形式，如 fifth。因此，“第九届中国国际软件和信息服务交流会”可译为“The Ninth/9 th China International Software & Information Service Fair，Dalian”。

2. 会展宣传语的翻译

会展宣传语是对会展总体情况的介绍，宣传语的表达和翻译质量关系到展会推介效果，宣传语既要能够体现出其宣传价值，又要能够有所指向，具有延伸的具体效果展示①。国外会展宣传语文风简明扼要，符合商业运作的理念。如加拿大环球贸易展曾如下这样宣传：

例 19：The GLOBE 2008 Trade Fair was an major international market-place for innovative environmental technologies，products and services.

译文：2008 环球贸易展是创新环保技术、产品和服务的主要国际交易场所②。

从例 19 可以看出，在英译中时，可以将文风简洁的英语会展宣传语直译，

① 钟晓菁.会展英语语体特点及翻译方法[J].天津市财贸管理干部学院学报，2012（2）：81.

② 刘芳芳.大连市会展英语翻译中常见的问题[J].大连大学学报，2012（5）：148.

即可达到传递原文的效果。相比之下，国内会展宣传语则出现较多的口号，既空洞又难以达到宣传的效果，故而在翻译成英语时要注意改译，如：

例 20：食博会每年一届，融“交流合作、品牌展示、招商引资”为一体，以“国际化、专业化、市场化”为目标，是东北地区已具规模和品牌影响力的行业盛会。（大连国际食品博览会宣传语）

译文 1：Food Fair once a year，with“a financial exchanges and cooperation，brand display，capital attraction” as a whole，and“to the internationalization，specialization，market-oriented”as the goal，is an industry event with a large scale and brand influence in the northeastern region.

译文 2：Food fair once a year， is an industry event with larger scale and band influence in the northeastern area.

通过比较可以发现，例 20 中译文 1 完整地将原文中的口号译出来了，中国式表达色彩比较重，不符合国外会展宣传语的简洁风格。而译文 2 省略了原文中的口号内容，只把展会的作用简要地点了出来，更能为受众所接受，实现了其宣传价值。

3. 会展口语的翻译

英汉两种语言的区别反应在句子结构上有意合与形合、前重心和后重心等区别。首先，英语属于形合（hypotactic）语言，利用连接词表现句子成分之间或句子之间的逻辑关系；而汉语属于意合（paratactic）语言，通过上下文语境来反映句子成分或句子之间的逻辑关系。其次，英语表达重心前置，即将重要的信息放在句子的前半部分；而汉语表达重心后置，即按照一般逻辑顺序和时间顺序将重要信息放在句子的后半部分。如：

例 21：It’s，just the matter of the schedule，that is，if it is convenient for you right now.

译文：如果你们感到方便的话，我想现在讨论一下日程安排的问题：

例 21 中，英语句子将表达说话者意图和安排的主句放在前面，征求听话者意见的条件状语从句放在后面，同时用“that is”这一连词短语进行连接，既能首先传递了重要信息，即己方的安排，又能充分表现出对对方意见的尊重。而在汉语句子习惯将主要信息后置，且不需要借助连词的帮助，所以将征询对方意见的“如果……”条件句前置就很符合汉语“先人后己”的表达习惯了，同时“that is”这一连词短语也无须译出：虽然句子信息排列顺序发生了变化，但是源语和译语的信息是对等的。

4. 会展英语被动句式的翻译

会展英语中被动态结构的使用频率很高，译成汉语的时候不能局限于原文的被动语态结构而一概译成汉语的“被”字。因此，要根据汉语的思维和语言表达习惯进行必要的变通和灵活处理，否则就会造成译文生硬。如：

例 22：A range of techniques are often used in event evaluation，including data collection，observation，feedback meetings，questionnaires and surveys. Good evaluation is planned and implemented from the outset of the event management process，with all participants being made aware of its objectives and methodology.

译文：会展评估经常会使用一系列的技巧，包括数据采集、数据观察、反馈会议和问卷调查，若要获得良好的评估效果，从会展管理过程的一开始就要认真筹划和执行，并让所有参会者了解评估的目标和方法。

在例 22 中将“with 结构”译成无主语的动宾关系“让所有参会者了解……”，不仅改变了因非谓语动词的被动语态而造成的被动翻译局面，而且保证了上下句之间的自然衔接，增加了可读性。又如：

例 23： During the World Expo，a real magnet for the visitors was“Planet of visions/ The 21 st Century”. The unreachable paradise was explored every day by up to 30000 guests.

译文：世博会期间，吸引来宾的最大磁力绝对是来自“梦幻星球 /21 世纪”活动。每天有三万宾客前来探索这一可望而不可即的天堂。

例 23 直接将原句中的“by”之后表示动作发出者的介词宾语“up to 30000 guests”调整至句首作为汉语的主语，将原来句中的主语“unreachable paradise”作为译文的宾语，通过这样的转换，使汉语表达更加规范。

例 24：The well-planned conference is conceived，developed，and organized to present a program that challenges the belief of attendees，stimulates their thinking，and inspires them to look at their organization’s and their own approaches to getting work done.

译文：精心策划的会议在创意、开发和组织上都旨在提出一个挑战与会者思想的议题，激励与会者进行思考，并激发与会者审视其单位和个人开展工作的思路。

例 24 的语意中心是动词不定式所表示的目的意义，而且这部分语句比较长，因此，整合主体部分（即主动与被动形式的谓语），使翻译后的名词短语作为译文的主语，把动词不定式中的动词作为译文的谓语动词。借助此种形式，能够收到翻译规范化和标准化的效果。

会展是一个涉及多方面内容的复杂过程。会展双方通过积极的交流、质疑、讨论和补充来达到展示产品，促成贸易的目的。展会英语翻译要使用正确的表达形式，准确理解和使用术语；词句组织严密有逻辑性；语言得体；积极采用预测技巧，做到灵活应变。

（二）“目的传达”标准下的会展英语翻译

语言是信息最重要的载体，商业会展中所用的语言传达给人们的不仅是商品的信息，也是商家对于商品的独到见解，译者通过语言的形式将这些信息传递给人们。商务会展翻译应采用有针对性的、有说服力为目的的翻译方法，最终成功实现商业会展的目的，即成功传达展商及展品信息，促成与潜在顾客的交易。要准确达到这个目的，译文必须符合英语的表达方式，而不是根据汉语意思直译。译者应该以受众为本，分析源语所要表达的意图，准确使用英语词汇进行表达，避免误传信息。如：

例 25：这是我公司赠送的产品样品，欢迎试用。

译文：Our company has some samples for you and hope you would like them.

源语的表面意思“欢迎试用”是中国人的表达方式。在分析了讲话者的意图和接受者的期待功能后，对源语做出修改，变成“希望您能喜欢”表示出说话人的交际意图和推销产品的真正目的。

在商业会展的经济洽谈阶段，洽谈双方的交际目的是在尽可能保证自身利益的前提之下做出适当的让步以促使交易成功，所以在表达上往往要表明立场，如：

例 26：这是我们的最后的价格了，如果你们再坚持的话，我们就没有必要再谈下去了，我们就不做这生意了。

译　文：This is our bottom price. If you stand firm，there is no point in further discussions. We'll call the whole deal off.

例 26 从句中“no point in further discussions”和“call the whole deal off”尽管是一种威胁，但译者此时还是应该尽可能地忠实翻译，如此一来让对方了解己方的底线所在，反而能更快地做出决定，实现促成交易的目的。

然而在有些时候，会展磋商会适当地使用委婉的表达方式实现礼貌的拒绝或推迟，通过留下余地以便争取更多的成交机会，如：

例 27：这个我考虑考虑再说。

译文 1：I’think your suggestion over and reply later.

译文 2：I wouldn’t accept it.

译文 1 表达的意思为“需要思考后再做决定”，利于今后接受或拒绝；而译文 2 则应是在征得源语人的意见后直接予以拒绝。译者应该弄清楚原说话人的目的，而不是简单地、想当然地根据常识来翻译。

不管遵循何种翻译标准，会展英语翻译人员都需要在掌握扎实翻译基础的前提下领悟国际会展的知识内涵，总体把握并考虑细节后完善翻译工作。

四、展会名片及其交换文化

（一）名片在展会中的作用

在职场中，他人对你的印象往往起源于你递上的那张表明你身份的名片。所以，不能小看了这张小小的名片。在现代展会上，一张名片往往能起到无法估量的作用。今天的名片在印刷和设计方面精致而又考究。除了标有姓名、单位、职务或者职称外，还印有地址、邮政编码、电话、传真、电子邮箱和互联网址等，有的还印有一些警句短语等。名片就像一张简单的履历表，是结识新朋友以及自我介绍的有效途径。递送名片给对方，就是要告知对方自己的身份、住处及联系方式等。许多个人及企业制作名片的主要目的就是商务社交。

名片除了具有自我介绍和保持联系的作用外，还有一些其他用途。

1. 祝愿或祝贺

可夹在礼物中，向友人寄送或托送礼物或鲜花时，可在礼品或花束中附上名片并写上祝词。如“Merry Christmas”“Sincere greetings on your latest promotion”“With best wishes for your happy birthday”。

2. 介绍某人

可以作为商务交往中的“介绍信”。如一位大客户想把一名推销员介绍给另一位潜在的客户，他就可以在自己名片的左下角写上“PP”，然后把推销员的名片附在其后一并发送给对方。

3. 用于业务宣传

在进行商业交往时，名片不仅仅是个人履历，同时也是公司的招牌，在某种程度上有类似广告的效果。

（二）名片的交换礼仪

名片是一个人身份的象征，已成为当今人们社交活动的重要工具，使用名片已成为社交活动中必不可少的行为方式。初次与对方见面，一般都要赠送一张名片。这是十分得体的礼仪，表明你有与对方继续保持联系的意向。在各种社交活动中，名片的使用要合乎礼仪规范，要做到注意场合，慎重选用，这样才能充分发挥名片的作用。

1. 名片交换的时机与顺序

交换名片一般标志着第一次或初次见面的结束，但是在有些社交场合，却不一定要等到见面的结束。

（1）在展会开始时，销售经理和客户之间互换名片是一种传统，表示非正式的业务往来已经开始。

（2）在宾客较多的场合，如出席会议时，你处在一群不认识的人当中，如果自己即将发表意见，可在说话之前发名片给周围的人，以便于他人认识你，了解你的身份。

（3）刚到办公室的访客也应当向接待者出示名片，以便被介绍或引见。

交换名片时还要注意：除非对方要求，否则不要在年长的主管面前主动出示名片。对于陌生人或巧遇的人，不要在谈话中过早发送名片，因为这种热情一方面会被打扰，还有推销自己之嫌。用餐时不要出示名片，而应等到用餐结束之后。在社交活动中，要有选择地提供名片，不能不加区别地乱发一通，这样会自贬身份，你的名片也得不到尊重或珍惜。在发送名片之前，要考虑对方是否真的需要你的名片以便往来联络。

交换名片的顺序一般是“先客后主，先低后高”，即地位低的人先把名片给地位高的人，年轻的人先把名片给年老的人，男性先把名片给女性，客人先把名片给主人。不过，如果是对方主动先拿出来，自己也不必谦让，先大方收下来，然后再拿出自己的名片回赠。当与多人交换名片的时候，应该依照这样的顺序：先给职位高的，再给职位低的，或是由近及远，依次进行，切忌跳跃式的，以免对方产生误会。

2. 交换名片的礼仪

知道了如何把握交换名片的最佳时机，还需要知道怎样才能优雅地交换名片。交换名片时应有正确的仪态，它体现了一个人的素质和修养。

名片的存放十分重要。名片应该放在方便易取之处，以便随时取出。有些女同志喜欢把名片在包里乱放。例如，曾经有一位中国人民大学的教授与一名女同志交换名片，他把名片递给她，她马上把包拉开找自己的名片，包很名贵，但是找不着名片，只见她先抓出一包话梅，接着是一包瓜子，后来又拉出一只袜子，最后才找到名片盒。这样给人的印象很不好。名片应该放在名片夹里，而名片夹最好放在上衣的内袋或公文包里，千万不要放在长裤口袋里，从皮夹或者月票夹里取出也不好看。买一个好的名片夹是很值得的，它不仅可以使名片保持整齐，还能增添你的职业气派。

交换名片时最好是站着将名片递给对方，如果自己是坐着，待对方走过来，应当立即起身，问候对方后再交换名片。如果是和对方一起交换名片，先递出自己的名片，然后再用双手收下对方的名片。交换时，要用双手拇指和食指夹住名片的两端递给对方，并且要正面朝着客人，不能颠倒递出去。两手一起奉上更显慎重，对方定会对你产生好感；如果以单手轻率地递出，极可能引起对方的不悦。拿到对方的名片时，应仔细看一看，碰到不认识的字，应请教对方怎么念，然后说几句诸如“很高兴认识你”的礼貌用语。收到对方的名片后，切记不可看也不看就顺手装起来。交换名片时的高度不能低于腰部以下，若是站着讲话，应该将名片拿在齐胸的高度；若是坐着，名片应放在视线所及之处。名片应该用双手递给对方，而在接受别人的名片时，也要用双手去接。如果宴会或者谈判时交换的名片很多，可以把名片按顺序从上到下排列在桌子上，以便于按顺序记忆。

交换名片时要注意语言表达方式。如向对方索要名片时可以问：“你有名片吗？”或“您能给我一张名片吗？”而当你想出示名片时，可以说：“这是我的名片，如果还有什么问题，尽管打电话给我好了。”

当有人找你索要名片而你出于某种考虑不愿给他时，直接拒绝很不礼貌，可以婉转地拒绝：“对不起，我的名片都用光了”，或者说，“不好意思，我忘带名片了”。

如果没有名片，不要直接说：“对不起，我还没有印名片”或“我们公司小，没有准备名片”。你可以说：“对不起，我的名片刚用完。”如果名片用完了，而事先未料到，则要向见面者表示歉意，然后在干净的纸上写上名片中的内容递给对方。

五、跨文化因素对会展的影响

展览会的跨国经营已经成为中国会展业发展的一种新趋势，面对复杂的国际环境，要想在激烈的竞争中取得成功，很重要的一点就是能够在跨文化环境下灵活地应对跨文化因素所造成的影响。因此只有充分认识、了解和分析跨文化因素，组展各方才能更好地利用好展会这个平台取得利益的最大化。

（一）影响会展的跨文化因素

影响会展的跨文化因素有语言、风俗习惯和价值观念等。

1. 语言文字

语言是文化的载体，承载着一个民族和国家深厚的文化内涵，反映了一个民族所特有的习惯、思维方式等。语言文字在展会中所起到的作用不仅仅是信息的传达，而且是参展商与观众之间思维方式的相互沟通。语言文字在展会中使用是否得当将决定信息传达是否正确。国际展会中的语言文字不仅仅是翻译的转换，而且是要考虑到目标受众者的语言文化习惯。如果语言文字使用不当，将影响参展的成效。在一些大型国际展会中，还必须考虑语言文字的表达是否与受众群体的文化相符合。如飞鸽牌自行车，翻译为 flying pigeon，但在英语里面有傻瓜的意思；金鸡牌闹钟译为英文 golden cock，其俚语为污言秽语。我国的国宝大熊猫，在世界上多数国家受到欢迎，但在伊斯兰教的国家，他们认为熊猫外形像猪，猪在他们的文化内涵中，形态丑陋，性情懒惰。如果用熊猫图案装饰展台，自然不易被阿拉伯客商接纳。

2. 风俗习惯

风俗习惯是出现最早、流行最广的一种社会规范，是各民族人民在长期的历史发展过程中相沿成俗而形成的一种生活方式。世界各国的风俗习惯千差万别，如果对一个国家或某个地区的风俗习惯不了解，势必会引来不必要的冲突和矛盾。对参展企业来说，不了解目标群体的风俗习惯，跨文化沟通则难以顺利进行。例如，在西亚和中亚的许多伊斯兰教徒不允许吸烟喝酒，因此，对参展商来说，应该注意在与这些国家客商洽谈过程中切忌敬烟敬酒。另外，在西欧一些国家，特别在荷兰，流行一种咖啡文化（No coffee，no talk），即在洽谈中，没有咖啡，则无法进行商谈。因此，参展商在每次参展前应做好充分的准备，熟悉各国的风俗习惯有利于参展企业在国际展会中的跨文化沟通得以顺利进行。

3. 价值观念

价值观是个人或社会对某种特定的行为方式或存在的状态的一种判断和持久信念。不同的文化对时间、变革、物质财富、风险等都有着不同的价值观念和态度。由价值观决定的社会态度会直接影响国际商务交往活动。例如在时间观上，不同的文化背景表现出不同的时间观念。如北美人的时间观念很强，对美国人来说时间就是金钱；而中东和拉丁美洲人的时间观念则较弱，在他们看来，时间应当是被享用的。爱德华·霍尔把时间观分为两类：直线型时间观和循环型时间观，前者强调“专时专用”和“速度”，人们的时刻表都相当精准，不轻易改变原计划。北美人、瑞士人、德国人等具有此类特点。例如，第101届广交会首次进口展的人气和成绩远不如出口展区，究其原因，美国领事馆的人认为，美国企业都是提前一年时间做预算，本次进口展的招展时间才5个月。因此，持直线型时间观的民族是不会轻易更改原定计划表的。而循环型时间观则强调“一时多用”，人们可以有宽松的时刻表和信息反馈的延期，中东和拉丁美洲人具有此类特点。

（二）跨文化因素对会展的影响

跨文化因素对会展的影响具有以下几点。

1. 跨文化差异形成沟通障碍，加大展会组办方的营销管理难度

国际性展览会的专业观众通常来自不同的国家、民族或地区，其文化具有多样性，文化差异对展会招商工作的影响更为明显。在会展业中，场馆所有者—组办方—参展商—观众，形成了一条利益链条。在整个利益链中，观众不仅是一个展览会各方利益主体收益的决定因素，而且是一个展会成功的重要因素。高质量的参展观众成为展览会价值的外在体现。当前中国的大多数展会对专业观众的组织和邀请，主要通过信函、电话、传真、电邮及广告宣传等传统的方式进行。在这些营销方式中，展会的组办方应该考虑目标国的文化背景，采用不同的营销策略，如何时邀请比较适宜，怎样进行广告宣传最为有效，要从专业观众的需求角度出发，对症下药。另外，在与展商和观众进行展会活动前，要注意目标国的风俗习惯和传统文化等，对此都要进行深入的了解，以防止在工作中冲撞对方的禁忌、避讳等，导致展会工作难以进行，甚至会产生恶劣影响，使展商或观众对展会的满意度和忠诚度降低。

2. 跨文化差异的存在形成无形贸易壁垒，影响双方的合作利益

专业观众价值实现的关键，在于有大量高质量的参展商。参展商参展效益的高低是由专业观众来决定的。由于跨文化因素的存在，双方在贸易洽谈中容易受自身文化背景的影响，形成文化冲突，影响了双方之间的和谐关系，使贸易洽谈、合作受到阻碍或者失败。在展会中参展商与专业观众之间的项目推广、洽谈时间都相当有限，要在短短几天时间内吸引和说服买家，取得信任，促成贸易的成交不是件容易的事。在展会双方贸易洽谈中，由于各方都是站在各自的利益层面上，以自己的文化价值观为中心向导与对方进行沟通与谈判，不注重相关信息的交流与沟通，从而导致洽谈失败。例如：美国人交流一般都很坦诚，直言快语，在谈判过程中一般都喜欢开门见山，直奔主题，因为美国主流文化认为，时间就是金钱。而阿拉伯人特别不喜欢在时间上限定最后期限，他们认为这样做是对自己的一种威胁。因此，对于参展各方来说应该充分了解异国文化，充分考虑日标群体的文化特点。

3. 跨文化因素对展会影响的建议及对策

（1）增强对异域文化的认知，加强展会的跨文化管理

对从事展会国际商务活动的相关人员进行岗前文化适应性训练，了解不同国家的文化背景，从点到面地去把握不同国家在沟通交往、语言、社会规范、思维方式、价值观等方面的差异。对异域文化的认知，是后期开展一系列展会商务活动的基础。中国的会展业的起步晚，发展阶段低。很多展会的组织者或管理者办展往往将展览会的经济收益放在第一位，更强调的是一种结果。因此在开展展会各项工作时忽略了跨文化因素的存在，展会组织者在管理展会活动时没有形成跨文化管理的观念，不注重跨文化因素的分析，造成了很多机会白白流失的后果。

（2）注重跨文化因素的分析，识别文化背景的异同，利用自身的优势来规避和化解跨文化冲突，消除无形贸易壁垒

要成功地进行跨文化商务活动，在了解本国文化和他国文化的基础上，还要对跨文化因素进行深入的分析和比较。在跨文化营销过程中，由于根深蒂固的文化背景的作用，展会组办方与当地的参展、参会客商之间常常无法良好地沟通和

理解而形成文化差异。因此，在进行活动时，要注重从动态的角度对影响展会的跨文化因素进行分析，了解各国消费者需求的不同，针对不同的文化差异采取不同的解决方案。树立跨文化风险意识，积极利用自身的优势来规避和化解跨文化冲突，消除文化冲突所带来的无形贸易壁垒。如利用展会举办地的地理优势、产业优势等因素来转移客户的注意力，尽量避免文化冲突带来的不利影响。

第二节 跨文化商务谈判

一、商务谈判概述

商务谈判（business negotiations），是买卖双方为了促成交易而进行的活动，或是为了解决买卖双方的争端，并取得各自的经济利益的一种方法和手段。

（一）商务谈判的特征

商务谈判的具有以下几点特征。

1. 以获得经济利益为目的

不同的谈判者参加谈判的目的是不同的，外交谈判涉及的是国家利益；政治谈判关心的是政党、团体的根本利益；军事谈判主要是关系敌对双方的安全利益。虽然这些谈判都不可避免地涉及经济利益，但是常常是围绕着某一种基本利益进行的，其重点不一定是经济利益。而商务谈判则十分明确，谈判者以获取经济利益为基本目的，在满足经济利益的前提下才涉及其他非经济利益。虽然，在商务谈判过程中，谈判者可以调动和运用各种因素，而各种非经济利益的因素，也会影响谈判的结果，但其最终目标仍是经济利益。与其他谈判相比，商务谈判更加重视谈判的经济效益。在商务谈判中，谈判者都比较注意谈判所涉及的重要技术的成本、效率和效益。所以，人们通常以获取经济效益的好坏来评价一项商务谈判的成功与否。不讲求经济效益的商务谈判就失去了价值和意义。

2. 以价值谈判为核心

商务谈判涉及的因素很多，谈判者的需求和利益表现在众多方面，但价值则几乎是所有商务谈判的核心内容。这是因为在商务谈判中价值的表现形式——价格，最直接地反映了谈判双方的利益。谈判双方在其他利益上的得与失，在很多情况下或多或少都可以折算为一定的价格，并通过价格升降而得到体现。需要指出的是，在商务谈判中，一方面要以价格为中心，坚持自己的利益，另一方面又不能仅仅局限于价格，应该拓宽思路，设法从其他利益因素上争取应得的利益。因为，与其在价格上与对手争执不休，还不如在其他利益因素上使对方在不知不觉中让步。这是从事商务谈判的人需要注意的。

3. 注重合同的严密性与准确性

商务谈判的结果是由双方协商一致的协议或合同来体现的。合同条款实质上反映了各方的权利和义务，合同条款的严密性与准确性是保障谈判获得各种利益的重要前提。有些谈判者在商务谈判中花了很大气力，好不容易为自己获得了较有利的结果，对方为了得到合同，也迫不得已做了许多让步，这时谈判者似乎已经获得了这场谈判的胜利，但如果在拟订合同条款时，掉以轻心，不注意合同条款的完整、严密、准确、合理、合法，其结果是会被谈判对手在条款措辞或表述技巧上，引入陷阱，不仅会把到手的利益丧失殆尽，而且还要为此付出惨重的代价，这种例子在商务谈判中屡见不鲜。因此，在商务谈判中，谈判者不仅要重视口头上的承诺，更要重视合同条款的准确和严密。

（二）跨文化商务谈判的要求

跨文化商务谈判的要求具有以下几点。

1. 要有更充分的准备

跨文化商务谈判的复杂性要求谈判者在谈判之前做更为充分的准备。① 要充分地分析和了解谈判对手，了解谈判对手的文化背景，包括习俗、行为准则、价值观念和商业惯例，分析政府介入（有时是双方政府介入）的可能性及其介入可能带来的问题。② 研究商务活动的环境，包括国际政治、经济、法律和社会环境等，评估各种潜在的风险及其可能产生的影响，拟定各种防范风险的措施。③ 合理安排谈判计划，解决好谈判中可能出现的体力疲劳、难以获得必要的信息等问题

2. 正确对待文化差异

谈判者对文化差异必须要有足够的敏感性，要尊重对方的文化习惯和风俗。在跨文化商务谈判中，谈判者不仅要善于从对方的角度看问题，而且要善于理解对方看问题的思维方式和逻辑。任何一个跨文化谈判活动中的谈判人员都必须要认识到，文化是没有优劣的。此外，还必须尽量避免模式化地看待另一种文化的思维定式。

3. 避免沟通中的障碍和误解

语言是联结不同文化和不同谈判者的一个重要纽带，但它也会成为谈判的障碍。因此，谈判者能够熟练地运用对方语言，至少双方能够使用一种共同语言来进行磋商交流，对提高谈判过程中双方交流的效率，避免沟通中的障碍和误解，有着特别重要的意义。

在跨文化谈判中，非语言沟通是一个非常重要的因素。谈判者要注意自己的形体语言，要注意揣摩对方的手势、语调、沉默、停顿和面部表情的含义，从而避免导致歧义和误解。在国际商务谈判实践中，要善于观察，认真学习和及时总结，不断积累和丰富阅历。

4. 制定灵活的谈判战略和策略

在跨文化谈判中，谈判双方文化背景的差异导致谈判双方谈判风格的差异与冲突。在认识不同文化间谈判风格差异的基础上，谈判者要使己方的谈判战略和策略具有一定的针对性和灵活性，使己方的谈判战略和策略适应特定风格的谈判对象、特定的谈判议题和特定的谈判场合。

二、商务英语谈判的发展

谈判，是指双方在试图说服对方接受自己要求时，互相交换意见的技能。法国权威谈判专家阿兰·佩卡尔·朗珀勒在《谈判的艺术》中说道，没有人出生时就是谈判专家，但大家都有成为谈判专家的可能性。谈判大多在个人之间进行，或为自己，或代表组织团体。而商务谈判（business negotiation）是一种矛盾与统一的结合，实质上是经济实体方为满足双方需求，通过协商对话协调商务关联而确定商机的过程，它的最终目的是实现一个对双方都有利的协议。商务谈判的业务不仅包括产品，还有资金、技术、信息、服务等。我国目前的商务谈判已经走向国际化，国内很多企业已与世界接轨，我们应知道如何在遵守国际经济合作规则的前提下获得最大利益。而谈判离不开语言，随着商务语言运用越来越广泛，商务英语（business english）作为英语的分支，不仅是商务知识、普通英语和谈判技巧的有机结合，更具有自身的时代性，能够灵活的增加谈判的针对性。商务英语与普通英语的语言学特征相同，但其表述更规范直白、严谨明晰。一个成功的谈判者，除了要在商务谈判中掌握专门的外贸英语语言，还要对专业领域知识、谈判技巧等非常熟悉，并适时运用，这样才能在谈判中占据主动地位。

（一）商务英语谈判的国际性发展

商务英语谈判的发展机遇与挑战并存。随着近年来经济全球化不断加剧、跨国公司日渐兴起，世界各国经济体要想保持经济的持续发展，就必须融入激烈的国际市场竞争当中，积极参与国际分工。为了解决资源利益冲突、追求利益共享、创造多赢局面，商务英语谈判的作用越来越凸显。商务英语凭借着自身覆盖面广和专业性强的优势，受到各个国家的青睐，能够更好地迎合国际贸易往来。由于不同国家地域间的政治、经济、文化不尽相同，谈判者表现出的思维方式和价值观均代表着各自利益，因此只有在充分尊重对方国家传统文化的基础上进行会晤洽谈，才能使商务谈判更顺利地进行。

（二）商务英语谈判在中国的发展

商务谈判的现有理论成形于欧美国家，而我国的国际商务谈判起源于唐朝，古代丝绸之路其实就是一种以货物交换形式的商务谈判。从古至今，我国的商务谈判都在不断进步，尤其是改革开放以来，我国综合国力不断提升，经济增长率突飞猛进，目前作为世界第二大经济体，2018 年，中国外贸进出口总值 30.51 万亿元人民币。对于企业和公司而言，员工商务语言的掌握和运用也是选拔的重要参考技能之一，员工培训时的重点在于口语技能和文化素养。一些西方发达国家最早成立的商务英语课程和相应的评估制度，虽然在我国起步晚，但近年来诸多高校也为我国进出口贸易事业培养了源源不断的专业人才，促进中国对外贸易的蓬勃发展。

商务英语谈判的内容涉及多方利益，从一定程度上来说，这是谈判人员之间的较量，谈判结果直接影响着公司业务水平和发展前景。而商务英语又是国际商业谈判的必要工具，发达国家不但十分重视学科教学，而且注重相关人才的培养。当下，我国的对外贸易活动日渐增多，商务英语谈判在我国的推广也处于蓬勃发展时期，高水平全方位的商务英语谈判人才非常紧缺，一名杰出的商务英语谈判人才不仅要具备丰富的理论知识和纯熟技能，能够驾轻就熟地解决各种分歧，还要具备冒险精神和分析问题的能力，了解各国商人的文化背景和谈判风格。而谈判小组成员的知识储备也应具有互补性，能够最大化地发挥总体优势，提高商务英语综合运用能力，我国对外贸易人员还要对本国的政策法律加深了解，从法律的角度维护自身利益，并通过相关优惠政策吸引外来投资。总之，商务英语谈判者要掌握好沟通技巧，不断提高自身的文化素养和综合能力，推进我国国际贸易事业的持续发展。

三、立足于文化的商务谈判前准备

商务谈判是一项复杂的业务工作，它受物理环境、心理环境、时间环境等一系列交际情境及谈判人自身交际行为能力等多种因素的影响，而跨文化商务谈判则因文化差异的干扰更显风云暗涌，变幻莫测。因此，要适应这种错综复杂的局面，只有做好充足的准备，才能运筹帷幄，决胜千里。下面介绍跨文化商务谈判涉及的主要准备事宜。

（一）礼品的赠送

当前国际贸易领域发展和变化的速度令人叹服，国际间的贸易往来无时不有，无处不在，各国商务人士的相互交往日趋密切。建立互利、互惠、可信的新型贸易合作关系成为贸易双方努力追求的目标。如今，在贸易交往中，人们更注重采用“软推销”（soft sell）的贸易形式达到预期的谈判目标。因此，礼品的赠送也成为众多商务人士（特别是在社会环境优越的国家和重人情味的国家（high-content and relationship-driven nation）促进彼此良好沟通的有效补充手段。但必须指出的是，礼物在国际贸易中仅是为了能顺畅表达对贸易谈判对方的尊重和欣赏，并非缺其不可。另外，如何选取礼物尤为重要，不合适的礼物只会损害双方的业务关系。

若要保证礼物能不辱使命，送礼前做功课则必不可少。首先要了解贸易国的风土人情，特别是喜好和忌讳，其次可根据送礼的对象（谈判团体或个人）有的放矢地购买合适的礼物。假如目标是整个谈判团体，选取公务性、大众化的礼品即可；假如送给个人，尤其是对方谈判团队中身份地位较高的人，如首席谈判员（the chief negotiator），那么就可以多花点心思收集他的生活习惯、兴趣爱好等信息，在此基础上赠送既符合其所在国的商务习俗又富有个性化的礼物，真正投其所好，事半功倍。

在礼品的选取上，要避免品种、色彩、图案、形状、数目、包装方面的禁忌，禁送现金、有价证券、天然珠宝、贵重首饰、药品、营养品、广告性和宣传性物品、易于引起异性误会的物品、涉及国家机密和商业秘密的物品及不道德的物品。在中外商务交往中，中方商务人员可以考虑赠送外国洽谈人士一些具有中国特色的物品，以满足对方好奇的心理。

礼品选好之后，选择在什么时间、什么场合赠送以及如何送与礼品本身同样重要。在有些国家，在对方送礼时才能还礼。通常，初次见面时赠送礼品较为常见，但在沙特阿拉伯，如果与阿拉伯人初次见面就送礼，则不要一个人在场时送，否则可能被认为是行贿。在俄罗斯，人们习惯在初次会谈时赠送礼品，拉丁美洲的一些国家则会选择在交易达成后的庆功宴上送礼。在英国，合适的送礼时机是在晚饭后或看完戏后，公司若送礼，最好以老板和私人的名义。在荷兰，交易谈成或会议结束后互赠礼物。在巴西，商务礼物是在谈判后送。在瑞士，得选择合适的时机送礼，以免有行贿之嫌。在爱尔兰，要准备双份礼品分别送给个人和公司。在西班牙，通常很少在交易成功之前赠送礼物。赠送礼品在荷兰是一种友谊的象征，而不是用于商业目的，所以最好在建立个人关系后再赠送礼品。

同时，在商务交往中，应牢记赠送礼品侧重形式而非内容，商务活动中能否选择合适的包装往往代表对谈判对方的尊重和重视程度，同时也能凸显品位和面子。在包装材料的选取上要注意色彩的文化禁忌（cultural color taboos）。

英国：花费不多的礼品；高级巧克力、名酒和鲜花。避讳：服饰、香皂等大多数私人物品；菊花、百合花；带有公司标记的物品；数字 13。

法国：关系融洽后方互相送礼，喜欢本土出产的奢侈品，如香槟酒、白兰地、带有艺术性和美感的礼品。避讳：笨重、铺张的礼物；剑、刀叉、餐具、数字 13；菊花、牡丹花、杜鹃花、康乃馨（石竹）、纸花、其他黄色的花、捆扎的鲜花；带有仙鹤图案的物品。

西班牙：讲求实际，电器等贵重品受人珍视；喜欢家庭手工艺品、优质钢笔、桌面饰物和名酒。避讳：茉莉花、菊花；贵重的礼物；公司标志太突出的礼物。

比利时：无特别的喜好和避讳，可以赠送适宜且实用的名牌物品。

荷兰：无特别的喜好和避讳。有插图的书籍、质量高的皮革制品、办公用具、特制的精美食品或优质法国葡萄酒、西班牙雪利酒或者威士忌等都是受欢迎的礼品。

摩洛哥：喜欢绿色、红色、黑色；喜爱鸽子、骆驼、孔雀图案及数字 3、5、7、40。避讳：六角星、猫头鹰图案；数字 13。

美国：送礼文化不发达，喜欢书籍、文具、盆景、鲜花、巧克力和中国工艺品，并且十分讲究包装；喜欢浅淡简洁的颜色，如牙黄色、浅绿色、浅蓝色、黄色、粉红色、浅黄褐色。避讳：贵重的礼物；双数。

巴西：喜欢酒类、巧克力、办公用品、果酱；欧洲的产品如皮革制品和 18 克拉黄金；美国的高技术产品和小器具。避讳：棕黄色、深咖啡和紫色；普通且不精致的标志礼物。

澳大利亚：友好、不拘小节，喜欢（商务会议）商用记事本、镇纸、咖啡杯；T 恤衫、领带、棒球帽或者一个大头针。避讳：太过贵重的礼物。

（二）时间的准备

留给对方的印象尤其是第一印象在国际商务交往中往往起着至关重要的作用。一开始就未给对方留下好印象直接影响谈判的顺利进行。第一印象的好坏往往是瞬间之事，而细节决定成败，对时间的把握则是其中必不可少的环节，在商业发展史上还从未发生过因为守时而产生过错的案例，在正式进行商务谈判前谈判方对时间要有清晰的认识：前往谈判地点需要花费多长时间，需要预留多少时间（这其中往往还要考虑到某些突发状况的发生，尤其在对贸易合作国的地理环境不熟悉的情况下）。当然，世界各国文化形态各异，时间观念自然也会迥然不同，不同的时间观念反映到国际商务交往中，必然会引起交流的障碍甚至冲突，有的人不免会为此产生困惑。在商务交往中，应明白守时不仅是表达尊重的方式，即使是在并不怎么恪守时间观念的文化中，还是体现自身专业素质的一种行为。同时，在了解对方时间观念的基础上采取合适的商务交往行为，才能真正做到“知己知彼，百战不殆”。

从文化类型及其时间层面上划分，当今世界可大体分为两类：共时性文化（monochronic）或单向时间习惯和历时性文化（polychronic）或多向时间习惯。共时性文化是指有较强的时间观念，认为时间很珍贵，有明确的时间规范，持有重视时间和守时的态度，多次迟到的人被看作是难以信赖的，是对对方不尊重，对事情、对会议不尊重，很可能事后遭到对方的报复。事先安排、事先通知是共时性文化的另一个特点。中国、美国、加拿大、澳大利亚和西方很多国家属于此类，日程安排对美国人、德国人和北欧人是神圣的。相反，历时性文化是指时间观念淡漠，没有严肃对待时间的态度，做事情不愿意恪守时间表，工作安排的随意性较大。亚洲大部分国家、拉美国家、阿拉伯国家和非洲国家都属于多向时间习惯。“一心多用”的思维方式正是多向时间习惯文化的表现特征。

（三）引见与问候

在国际商务交往中，任何一个国家都不可避免地要与他国建立贸易关系。在涉外交往中，当交往双方不相识时，有必要通过介绍，使其彼此相识。所谓介绍，指的是通过适当的方式使交往双方相互结识，并且各自对对方有一定程度的了解。

通常，介绍又可分为自我介绍与介绍他人两种情况。

自我介绍，一般指的是主动向他人介绍自己，也可应他人的请求而对自己的情况进行一定程度的介绍。它的特点主要是单向性和不对称性。在涉外交往中进行自我介绍，通常需要重视以下两个方面的问题。

其一，是要注意进行自我介绍的具体时间。它包括两层含义：一是进行自我介绍时，首先要在具体时间上于己于人彼此方便，这样才会发挥正常，并且易于为对方所倾听。二是进行自我介绍时，一定要把握好所用时间的长度。最好宁短勿长，将一次自我介绍的时间限定在一分钟甚至是半分钟以内。

其二，是要注意进行自我介绍的主要内容。在不同的场合，所做的自我介绍在内容上理应有一定的差别。在涉外活动中自我介绍可分为两种。一种是应酬型的自我介绍，其内容应包括本人姓名这一项内容，多用于应付泛泛之交；另一种则是公务型的自我介绍，其内容包括本人的姓名、工作单位、所在部门、具体职务四项内容。因公进行涉外交往时，适宜采用这一类型的自我介绍。

介绍他人，通常指的是由某人为彼此素不相识的双方相互介绍、引见，其主要特点是双向性和对称性。依照国际礼仪惯例，在为他人做介绍时必须遵守“尊者优先”的原则，即把年轻者介绍给年长者；把职务低者介绍给职务高者；如果双方年龄、职务相当，则把男士介绍给女士。在宴会、会议桌、谈判桌上介绍人和被介绍人是否起立视情况而定，被介绍双方可起立点头，微笑致意；可使用礼貌用语“幸会”“请多关照”；如果被介绍双方相隔较远，中间又有障碍物，可举起右手致意，点头致意。询问对方要客气，如“请教尊姓大名”等。作自我引见时要自然大方，不可露傲慢之意。如出名片，应双手接递。在介绍方面，国际普遍采用的做法是由上级领导负责引见，进行介绍，这有利于谈判双方锁定谈判对象，帮助建立人际关系。当然，不同的文化在引见和问候的方式上各具特色，有其历史文化渊源和宗教信仰色彩，以本国固有的模式“礼尚往来”可能会引起文化冲突（culture shock）。

四、中西方商务谈判语言的差异

中西方文化独特的起源背景与发展历程塑造了各自别具一格的语言韵味，本土语言映射本土文化，本土文化蕴含于本土语言之中，双方的商务谈判语言迥然不同，主要有以下四个方面。

（一）严肃与幽默

我国商务谈判语言富有严肃性，语言充斥着庄重与庄严的氛围。我国商务人员很少在正式的商务谈判场合开玩笑，谈判的语言是经过斟酌与推敲之后才被说出口的。谈判人员一方面认为在严肃的场合与还不太熟悉的客户谈论搞笑的语料，可能遭遇冷场而带来的尴尬；另一方面，他们感觉在正式的谈判场地与来自他国的对手谈话中充溢着趣味是对谈判对手的不尊重；尊重他人是交际的礼貌准则，尊重他人才会赢得对方的合作。然而，西方商务谈判的语言以幽默而著称，语言弥漫着诙谐与轻松的气氛。西方的商务谈判人员经常在国际性的谈判桌上说笑话，把对方逗乐，他们的语言是迎合时机需要随口说出的。西方的谈判人员往往通过语言的风趣来活跃谈判桌上严止的格调，使双方紧绷的神经放松，使双方疏远的感情距离缩小，使商务谈判的双方在无负担、不紧张的状况下愉悦地进行。

（二）和谐与争执

中国人在讲话时力求和谐，说话时留有余地，即使双方有争议，也是谦逊、礼貌地表达出自己的见解，不会说出刻薄、犀利的词语，给对方留有回旋的空间。在商务谈判中，我国商务人员也在不知不觉中贯彻和谐的谈话基调。中国人一向好客，在商务谈判中，中国人把对方当做自己的贵客，用语更是一向温和，素来避免尖锐、敏感、锋利的字词。在谈判中，即使我方的意见与对方的南辕北辙，也不会说出以下语句，如“你们太无礼了，你们是在强词夺理，你们不可理喻”等，该语句有伤和气，我国谈判人员不到万不得已时不会说出否定词汇，如“不对、不能、不得”以及贬义词汇“恶意、蓄意、破坏”等。融洽、柔和又不失刚强、和睦构成了中国商务谈判人员语言的鲜明特色。

西方人在讲话时力图实现沟通交流的目标，即谈判的目的。他们所有的话语都为达到该目标而服务，话语一旦有目的性，就失去了它固有特征，往往带有人的争斗性与挑衅性，争执性是他们语言的特点。通过新闻媒体，不难发现，在西方的商务谈判桌上，谈判对手之间时常针锋相对，时常唇枪舌剑，怒形于色、怒不可遏是谈判人员神情的写照。他们认为双方在谈判时各抒己见，必然会发生语言上的争执，有争执才会有合作。他们不畏冲突、不惧争吵，在他们的谈判中，语言与争执始终形影相随。

（三）迂回与直率

中国人说话讲究曲径通幽的秀丽，西方人说话注重周道如砥的靓丽，前者追求的是迂回蜿蜒的影影绰绰之感，后者寻觅的是径直坦率的了然可见之意。

在商务谈判中，双方的语言依然带有上述的艺术特质。我国谈判人员一般不是直接表达出真实的想法，而是间接地、婉转地、曲折地传达出自己的想法；我方之所以这么做，是因为一方面顾念到对方可能会觉得我们的观点太突兀，一时难以接受，另一方面我方认为这种说话方式可以为对方留有面子，也不会伤及对方的自尊。例如，在一般的谈判中，如果我们想拒绝对方，不是直接说“我们不同意你们的观点，我们不接受你们所说的……”而是说“贵方的观点欠妥或不太全面，我们会考虑贵方的建议，但我们也有我们的立场，不一定会接受贵方的……”。我们说话迂回委婉，是因为我们考虑到对方的感受与承受限度，更为确切地说，我们因为珍重对方，才会说话间接。西方谈判人员的说话风格与我们截然不同，他们说话不喜欢拐弯抹角，喜欢直来直去，心中想表达什么，就直接说出来。他们认为话语的直截了当、简单明了有助于表达真切的意思，不会使话语产生歧义，也不会使人误解，重要的是，干脆爽快的话语节省了彼此的时间，西方人视时间为金钱，基于这一点，他们说话时推崇直率与坦率，同意就同意，拒绝就拒绝，他们在谈判桌上很少含蓄地表示自己的观点，通常是开门见山、直言不讳地讲出谈判的看法与见解。我们经常会在谈判场所听到西方人高频率地使用否定意义的字“不”，例如“我们不认为……我们不会……你们不能……”，这是他们的说话特点——直率。

（四）称呼中是否有职称

称呼也是一门学问，不同的文化具有不同的称谓。在我国的商业界，人们一般不会直呼上司的姓名，而是在其姓氏后加上职称，如李经理、王科长、刘组长等。我国商务人员在谈判中称呼对方时也带有职称，认为称呼中带有职称是对他人的一种尊重，也是自身良好品德修养的体现。另外，在我国，上司从下属对其带有职称的称呼中，意识到自身肩上所担负的重任，从而会更好地发挥自身的模范带头作用；如果下属直接叫上司的姓名而不带任何职称的话，上司会感到下属有些无礼与放肆，有些藐视职场纪律，在商业领域就要遵守商业界的行规，要敬重上司，称呼中要带有职称，即使上下级之间有任何抵触与隔阂。所以在商务谈判中，我国人员在称呼他人时，是在对方的姓氏后加上相应的职称。

西方商人对他人的称呼与我国大相径庭，他们喜欢直呼对方的名字。谈判双方第一次见面时，他们对对方的称呼中可能带有职称，有了业务的联络与商业的合作之后，他们会直呼对方的姓名，对方的职称往往会被省去，而且他们也希望对方直呼他们的姓名。西方人认为职称拉大了彼此之间的情感距离，而不是把职称看作一种敬称。他们追求商务谈判的自由、轻松与无拘无束，因此他们对自己上司、客户的称呼中一贯省略职称。

第三节　跨文化商务合同订立

一、商务合同

商务合同是一种通用合同。在国际贸易中，若双方对合同货物无特殊要求的条件下，一般都采用商业合同的内容和形式。

随着现代商务活动的日益频繁，社会对商务合同的需要也越来越迫切。

《中华人民共和国合同法》第二条规定：“合同是平等主体的自然人、法人、其他组织之间设立、变更、终止民事权利义务关系的协议”。商务合同是指有关各方之间在进行某种商务合作时，为了确定各自的权利和义务，而正式依法订立的、并且经过公证的、必须共同遵守的协议条文。

二、合同的内容

国际业务涉及投资、产品供应和服务等贸易、商业领域。在进出口交易中，合作双方通常无法见面，因受不同价值观念、思维方式、民族文化等因素的制约，同时鉴于各国采用不同的法律体系，故对商品的买卖、运输、保险、支付方式、争端处理等均有所不同，很容易造成误会和分歧。在这种情况下，贸易双方往往在正式进行进出口交易磋商之前，就“一般交易条件”（general terms and conditions）达成共识。在国际贸易中，一般交易条件也被称为格式条款。简单地说，商务合同（business contract）就是双方或多方为达成某一交易而订立的协议。订立涉外合同远比订立国内交易合同复杂得多，国际商务合同涉及两个及两个以上的国家和地区的商务活动。涉外合同订立的形式有口头合同（oral contract）和书面合同（written contract）两种，最终使用哪一种合同要看国家的法律规定。在有些国家，私下会面即可视为达成协议，而另外一些国家，在最后做出承诺前会坚持要求签署书面的正式的或非正式的合同。在贸易业务的洽商过程中，有的采用电话交流的形式；有的采用信件、电报、电传等形式。如果采用信件、电报、电传进行洽商，便可构成书面证明。即使如此，将分散于多份信件、电报、电传的双方协议一致的信件，集中归纳到一份书面合同上，特别是某些采用口头方式达成协议的，如不用书面形式加以确定，假如一方违约，另一方的权利便得不到法律保障。根据国际贸易惯例和我国的实践，一项交易从发盘到接受而达成协议后，多又另行签订正式合同，把双方商定的完整交易条件明确表示在书面合同上，作为双方履行合同的最好依据。

正式的合同需要有正式的格式，通常用于大宗的或重要的交易。正式合同应详细而具体，说明合同双方所同意的条款，列出双方的权利和义务以及与交易相关的所有内容。正规的书面合同可以分为四个部分：

（1）合同标题（the contract heading）：确认有关各方的人员或公司的姓名、名称，他们的主要营业地点或居住地址，确认合同签订的日期和地点。

（2）说明部分介绍性陈述（recitals）：也称约因条款（whereas clauses），包括：① 当事人经营的业务；② 订约的动机；③ 商确经过；④ 订约的本意。

（3）内文（合同的主体）：通常包括定义条款、价格、支付条件、交货、保险、检验、索赔、不可抗力、仲裁及通知。

（4）合同生效条款：合同的最后一部分，它包括生效日期，合同使用的语言以及这些语言的有效性，合同各方的签字及证明。

除上述内容外，有时还应该订立对合同进行修改或补充的内容。如果合同中有附件，应该在合同中单独成章列出附件的具体内容，并在合同结尾部分明确规定附件为本合同不可分割的组成部分。

合同通常自签字日起生效，不过在有些情况下，要在满足一些先决条件后才能生效。这些条件包括政府部门的批准，董事会的批准，以及收到付款之后等。合同的签名字应包括手写签名字和打印签名字，前者可以证实合同的真实性，后者是为了便于辨认。

另外，要注意的是，在中国，巨额合同的签署日期和合同生效的日期并不相同。因此，需要在合同中另外规定或说明合同生效的日期，即 remarks。下面列出一份通常采用的比较完整的合同条款：

（一）首部

1. 合同的名称；
2. 合同的编号；
3. 签约日期；
4. 签约地点；
5. 买卖双方的名称、地址、联系方式；
6. 序言。

（二）主体

1. 货物的名称条款（commodity and specifications）；
2. 货物的品质条款（quality）；
3. 货物的数量条款（quantity）；
4. 价格条款（price）；

5. 装运时间条款（time of shipment）；
6. 保险条款（insurance）；
7. 包装条款（packing）；
8. 运输标志 / 唛头（shipping mark）；
9. 保证条款（guarantee of quality）；
10. 检验索赔条款（inspection and claims）；
11. 支付条款（terms of payment）；
12. 运输方式（types of shipping）；
13. 不可抗力条款（force majeure）；
14. 延期交货和惩罚条款（late delivery and penalty）；
15. 仲裁条款（arbitration）。

（三）尾部

1. 有效日期；
2. 所遵守法律（也可根据国际规定）；
3. 双方签名。

（四）合同的备注部分

在订立合同时要注意以下事项：

第一，合同的主体要合格：合同当事人具有签订合同的行为能力和权利能力，即缔约能力。

第二，合同的内容、形式和程序要合法：合同中的任何条款都不能违反合同双方所在国的法律、规章和制度，否则该合同将不具备法律效力。合同对双方都具有约束力，双方必须在签字前就合同的内容反复讨论并最终达成一致。

第三，代理要有效：在签订合同时，一定要审查对方代理人的代理身份和代理资格。

第四，合同的格式和文字要规范、确切：所有的条款都应清楚、正确、完整地写在合同中。为了避免错误，要注意标点符号、大小写和空格，特别要注意商品名称的精确性，以及商品的数量、质量和价格。

第五，注意签好合同的普通条款：在签字之前要仔细阅读并理解合同中的每一句话，避免产生错误的条款。

三、跨文化交际的商务合同

（一）合同与文化的差异性

在国际贸易中，并非所有国家都重视书面合同的意义。美国和德国人一般会坚持制订附有法律文件的庞杂精细的合同，这种做法在任务驱动型文化（task driven cultures）中非常普遍。而在另外一些国家，比如尼日利亚等人际关系驱动型文化（relation-ship driven cultures）中，他们习惯依据法律体系，往往更多地视合同为意愿的表示而非责任性必须遵守的条款。下面列举一些主要国家签订合同的习惯方式：

1. 美国

美国签订合同高度重视书写协议的合法性和细微处，法律观念强，先找律师后签约。

美国大公司的经理参加谈判，常常是一边坐着律师，一边坐着会计师，可见法律在商务活动中的重要性。商务状况下常常在谈判桌上拟订一份草案，然后逐个对条款进行谈判。美国商人在做一笔生意或一个项目合作之前，都要先找律师咨询，避免法律上的麻烦。美国人讲究实际，注重利益，习惯直率。他们谈生意、定协议、签合同，把可能出现的问题都想到，把双方的义务、权利、责任尽可能细化得非常具体，如果对方提出的建议他们不能接受，也会毫不隐讳地直言相告。因此，在签订合同时，当我们无法接受对方提出的条款时，也要明确地告诉对方不能接受，而不要含糊其辞，使对方存有希望；先答应而迟迟不愿兑现也会导致纠纷的产生。美国人拟的合同、协议，常常是厚厚一本，里面明确了各种可能遭遇的突发事件。他们事先都要求律师把关。另外，美国人喜欢在宴会上签合同。

2. 加拿大

加拿大人签订合同时关心运费和成交价。由于加拿大零售商大多数参加了“加拿大零售业运输协定”，能享受集装箱运输的最优惠价，所以在做进口业务时总希望把租船运输的环节掌握在自己手中。这样，在签订进口合同时，他们总是坚持按指定港口离岸价成交。在付款方面，在加拿大进口商务中，向出口方付款时，一般采用以采购代理为受益人的可转让的信用证方式进行。关于商品包装与标签，要了解加拿大对货物包装的法律规定——对加拿大出口的所有外国商品，包装上必须同时使用英、法两种文字，两种文字所占的面积应当相等。

3. 中国

中国人更多视合同为意愿的表示。他们签订合同比较复杂，协议内容的每一张往往都需要加盖公司的公章，另外还要加盖一个“拼接章”。条款往往按段落划分，合同实质内容后往往要加一个长篇幅的违约条款，会随机应变合同中被迫追加的条款。中国公司通常签的合同、协议一两张纸头，五六条大而化之的条款，合同约定往往不具体、不规范，因此事后有时难免发生纠纷，难以评判责任过错。中国的公司往往是遇到官司或纠纷的时候才找律师。有的中国公司也聘有法律顾问，但也主要是养着他们准备打官司，很少让律师参加谈判或决策。另外，中国人喜欢在酒桌前谈生意。

（二）合同翻译与文化习俗

纵观签订和履行书面合同后所产生的问题，不难发现，很多误解或争议及纠纷的产生可以追溯到之前任何一轮跨文化商谈中。不够精准的翻译，对交易内容理解的偏差，变更或替换合同中的某个词都会导致严重后果。一般而言，在签订涉外合同时，应持有双语或多语合同，即使在谈判时使用的是国际通用语言。有些国家在这方面有明确要求。在涉外合同中，用合同签署地所在国家的语言撰写成的合同文本最具有法律效力，所以一定要确保翻译的准确性，避免产生歧义和意思模棱两可。比如，出口合同的订立包括两个阶段或两个法律步骤：一是要约，二是承诺。要约和承诺是我国法律上的用词，在业务上通常用发盘（或发价）和接受表示，其英文名称应分别为 offer 和 acceptance。再如，日本合同中存在大量“不确定性”语句，了解日本文化在合同观念中的体现和掌握了日本语言后才能明白在每份合同中频繁出现的句子表示任何情况变更的许可，在翻译时就不能翻译成强制命令执行性语气。在日本，虽然很多公司有职员会说流利的中文或其他国际通用语言，比如英语，但小公司可能无法与外国公司打交道，一般来说，如果有必要，他们希望外国公司能用日语同他们打交道，这就需要外国公司聘请翻译，支付文件翻译费等。所以，在与日本人打交道时一定要将所有的合同条款翻译成日文，同时确保合同条款简明易懂，使母语非日语的人易于理解，考虑注重字面理解的短期合同产生的长期影响。

再以加拿大为例，加拿大是双语国家，联邦政府使用英语和法语两种语言。有些加拿大机构甚至可能要求合作方所提供的产品宣传材料或相关文件用英语和法语两种语言。在魁北克省，所有的商务活动都严格要求用法语进行，所以必须确保所带的产品宣传材料和相关文件都用法语翻译好。有时候，有些英语句子或短语找不到恰当的法语表达，因此也就要特别予以关注。

在摩洛哥，阿拉伯语为官方语言，贸易活动通用法语。在欧洲，乃至世界，有很多国家都以英语为第二语言，但法国是个特例，与法国人打交道，会发现他们只用法语，不接受法语之外的任何语言（包括英语）。相应的，书面的材料如合同等也都应该用法语书写，关于产品的关键性资料更应该被翻译成法语。而英国人则除了英语之外不讲其他语言。在墨西哥做生意，一口流利的西班牙语是一笔宝贵的财富。在与墨西哥人做生意时应将介绍公司和产品的小册子及书面协议翻译成地道的西班牙文。英语作为比利时国际商务交流当中的交流媒介，在比利时北部谈生意的时候，讲法语的访问者要讲英语。

综上所述，在涉外贸易中，一般应遵循商务语言是客户的语言这一准则，同时，应充分了解合作方的语言风俗习惯，在与他国进行贸易时应考察是否需要翻译，切不可先入为主，翻译合同时，一定要细心研究他国语言，避免产生误解。

（三）合同的履行和文化差异

不同国家的文化差异会体现在合同观念中，在合同签订阶段如此，在合同履行阶段也存在同样的问题。下面探讨一些主要国家在履行合同时的不同表现。

美国：“在商言商”，法律意识强。如果后来发生争议或对方未能履约，那么美方会严格按照合同条款行事，比如要求对方按照合同的违约条款支付赔偿和违约金，没有再协商的余地，并且开始怀疑对方是否涉及了非合同问题，如长期关系的重要性。

加拿大：一般而言，加拿大人谈判后要求必须根据双方契约尽快有所作为。

法国：不太遵守合约，我行我素。如果协议有利于他们，他们会要求你严格遵守协议；如果协议对他们不利，他们就会一意孤行地撕毁协议。

英国：重视合同的作用。一旦交易产生争端或者争执，英国人通常都依靠合同条款来解决问题，而且如果他们的对手提出合同上没有规定的问题，比如说长期关系的重要性，英国人可能就会产生怀疑。

荷兰：会努力签订好合同并严格履行。

德国：重信誉。德国人认为一旦签订合同，合作双方就必须严格履行合同规定，不能容忍任意更改、不履行合同的行为。

奥地利：合同交易过程中若发生纠纷，会产生很强的排他性。

西班牙人：很强调信誉。签订合同后，一般都非常认真地加以履行。

希腊：做生意诚实可靠，履行合同义务效率不高。

丹麦：严格遵守合同，无论出现什么争执都要靠合同来解决。在合同履行方面，往往要求货样一样，很注重交货期，在履行一个新合同时，国外出口商应明确具体的交货期，并及时完成交货义务。任何违反交货期，导致延期交货的，都有可能被丹麦进口商取消合同。

挪威：严格遵守合同。如果在后来的合作中出现了分歧，书面协议将被认为是具有权威性的。如果一位国际商业伙伴采取倚仗双方的关系在合同已经签订之后再重新谈条件，挪威人可能会很反感并做出消极反应。

瑞典：严格遵守合同，认为书面协议是不可更改的。他们不会去要求为一个最近刚签订的合同再重新进行谈判。欧洲各国在解决争端时，如果出现对某些条款争执不下的情况，一般会求助于第三国进行仲裁，通常各个国家都选择瑞典来进行裁定。

第六章　跨文化视角下商务英语交际的发展

第一节　全球化使跨文化商务交际的发展成为必然

目前人们已逐渐生活在全球化的社会里。传播与交通科技的发展，大大地缩小了地球的尺寸和世界的范畴。人类与人类，文化与文化之间所形成的寰宇依存性已经成为当今生活的常态。这种把世界各个角落的人们连接起来的现象，已逐渐把人类社会带领到所谓的“世界村”或“地球村”“地球社区”“地球社会”“电脑化社区”“虚拟社区”或“网线城”的境地。这种全球化社会的来临，不仅改变了人类社区传统的意义，也同时促进了来自不同文化的人们相互依存的关系。因此，如何了解和接受文化间的差异，已成了全球化社会里有效沟通的先决条件。这也意味着在21世纪，获取跨文化沟通的知识与技能，成了不可或缺的基本需求。

一、全球化的意义与本质

地球上人们、货物与各种象征物之间的流通，最少已有超过五千年的历史。游牧民族可以说是最早易地而居的人类。历史上亚洲人很多世纪前就有从蒙古到达北非的记载，都显示了人类自古即已从事资讯的交换以及和不同文化群体之间的互动。这种人类的迁徙与接触是全球化的先驱，但全球化的意义或说我们正处于一个全球化的社会。

整个世界整合成了一个系统，在其中，不同的文化经由旅游的便利与频繁的接触，紧密地结合在一起，互相依赖。换句话说，人类社会已不再是独立的，而是一个在个人、人际间与组织间都具有全球性连接(global connectivity)的互动网。

这可能意味着以下这些现象：

（1）你现在穿在身上的衣服是在马来西亚制造的；

（2）你开的福特别克车，雨刷可能是来自墨西哥，引擎是在日本产的，轮胎是中国台湾生产的，而整部车的装配是在韩国完成的；

（3）非洲饥荒与美国攻击阿富汗的镜头，同步出现在世界各个角落的电视或电脑屏幕上；

（4）昨晚你在中国台北与人洽谈生意，今夜却出现在纽约享受百老汇的歌舞剧。

这就是人们当今居住的世界，也就是全球化的世界。

全球化是一种社会变化的过程，它的特色是社会与文化安置的空间限制的解除，而且人们也逐渐知道这种变化的发生。

广而言之，全球化指经济上的物质交换逐渐连接了在地的社会关系，政治上的支援、安全、武力与胁迫等运作逐渐突破了地域的隔阂以及文化上的符号交换超脱了空间的限制。换句话说，全球化就是“物质交换的本地化，政治交换的国际化与符号交换的寰宇化”。

全球化反映了在地认同与全球多元化或同质性世界文化与异质地方性文化两股势力彼此拉锯的现象把这种拉锯的现象，并称为“全球化矛盾”，意指人类社会变得愈来愈全球化的同时，个人与小团体的力量也变得愈来愈强大。理想的全球化，不仅必须整合寰宇社区的多元文化，也需要顾及个人或文化认同的发展。从跨文化沟通的角度，协助人们如何来整合不同的文化认同与利益，以及经由沟通的过程来谈判与再造文化认同，并进一步建立一个寰宇性的文明社区，乃是人类未来社会之所寄。

总之，全球化的潮流已经突破了空间、时间、文化假定和人类社会的结构、范畴与功能。全球化社会的来临，不仅需要一套新的思考与组织的方式，也显示了了解思想与行动、知识与存在，以及结构与过程之间的权力关系的重要性。以经济领域或组织传播为例，一个成功的现代公司行业，必须在五个方面符合全球化的这种需求：

（1）成长需求要求公司无止境地寻求有待开放的市场，以便能在全球性的商业竞争下存活，并且保留住优秀的员工。

（2）效率需求要求公司能够发展一种在全球经营下创造出成本利益的潜力。

（3）知识需求要求全球化的公司能够学习与吸收特殊地方市场的各种知识，使公司的产品适当地与在地环境配合。

（4）顾客需求要求全球化公司能够与全球化顾客齐头并进，以确保产品与服务的世界性统一和一致性。

（5）竞争对手需求要求现代公司能够加速全球化的脚步，以防止竞争对手抢先一步，抢占了全球性市场。

二、全球化的特征要求

从以上的讨论，可以勾勒出全球化的五个特性：辩证动态性、寰宇渗透性、整体联结性、文化混合性以及个人强化性。

（一）辩证动态性

全球化是一个辩证性的动态过程。它的目标在于达到一个整合了不同文化的大同社会。全球化的潮流不仅要求在寰宇社区内整合文化的多元特性，而且同时能鼓励人们寻求建立个人的文化认同。文化多元与文化认同两股势力的辩证拉锯，乃是人类未来社会必须面对的第一个问题。

从文化与社会的角度来看，全球化似乎是以西方化或美国化为基础的一种文化帝国主义，但是它其实也是一种后现代性的表征，代表着对边缘化声音与多元性的重视。因此，个人与社会若无法与全球化的潮流同行并进，在文化多元化与文化认同，或在本地化与全球化两个辩证势力之间取得平衡的发展，势必无法在未来人类社会胜出。

（二）寰宇渗透性

全球化具有寰宇渗透性。全球化的潮流就像空气一样，渗透到人类社会的每一个角落，而且影响了人们生活、思考以及行为的方式。科技的庞大势力、经济的竞争、宗教的多元性、政治的自由、族裔间的对抗、企业的独创性、领土的争执、文化的相互性和社会的互补性等现象所织成的现代世界，显示了全球化潮流涵盖面的广泛。

换句话说，人类社会之间，包括时间、空间、结构、地理、功能、职业、价值以及信仰等形成的界域，在全球化潮流的冲击下，已逐渐改变或转化成一个以相似性与连接性为基础的形态。全球化这种渗透力给了人们一个启示：活在当今人类社会，我们所该问的问题，并不在于是否应该继续全球化，而是如何从全球化的过程中来获取最大的利益。

（三）整体联结性

全球化潮流具有整体联结性（holistically interconnected）的特征。全球化潮流不仅贯穿人类社会的各个角落，而且建立了一个连接每个元素的网状结构。在全球化潮流的推进下，人类社会不再是一个个孤岛，而是互依互赖成了连接的网，把来自不同地域与文化的人们紧紧地连接成一个地球村。如同 Harasim 指出，全球联结性势必要求每个人类社会的成员，了解与接受全球化潮流所带来的这种巨大的变迁，以便经由互助合作的过程，体现与维持全球化社区的理念与特色。人类这种互连性的锁链一旦遭到破坏，全球村的过程势必失败，人类社会也将陷入混乱的境地。

（四）文化混合性

全球化代表了一种文化混合的状态。全球性的媒体为文化传递开出了一条突破国界与政治认同界域的新路。虽然全球化的潮流在 20 世纪，主要是把西方现代性的中心文化推往非西方的边缘文化区，但反向的影响，其实是不可避免且同时存在的。这种文化双向相互渗透的现象，反映了人类社会的混合状态的潜力。当然，人类文化的混合并不意味着一个统一或中央集权式社会的来临。相反地，这种全球文化的杂糅性，显示了一种混乱性的整合与连接，人们必须在乱中寻找出秩序，经由不断的谈判过程，把自己文化要素的意义传递到不同族裔的领域。

（五）个人强化性

全球化代表着个人权力（individual power）的扩张。虽然全球性文化可能把人类社会与不同族裔的人们联系起来，这个世界仍旧是属于一个多元化的社区。

换句话说，全球化是一个同时分化与同化的过程，它借着认可个人或个别的能力与重要性，给这个世界注入了多元化的色彩。例如，约翰·奈斯比特（John Naisbitt）发现，在经济行为方面，当整个世界的经济体系变得愈来愈大的时候，构成这个体系的元素却变得愈来愈小，以增进效率。这种体系变得愈大，个体却变得愈强化与愈重要的现象，反映了在地化与全球化，多元与认同，众性与殊性等两股不同势力的拉锯消长。全球化虽然具有寰宇渗透性，像空气一样充满着人类社会的各个角落，但是它的影响范围与深度却有所差异。戈文达拉扬（Govindarajan）和古普塔（Gupta）观察后发现，全球化主要展现在人类社会的四个层次：全世界、特殊国家、特殊工商业组织以及个人。

三、全世界层次区分

在整个世界的层次上，全球化促使了国家之间经济与政治的彼此依赖。特别是在经济方面，几十年来国际贸易的急速增加，可以证明整个世界的经济已变得比以前更加的全球化。传播与交通科技的发展，更是把人们与人们，城市与城市之间紧密地连接起来。这个潮流将持续把人类带往全球村的方向。

（一）特殊国家层次

在特殊国家的层次上，意味着一个国家与其他国家联系的程度。全球化虽然是一个世界性的过程，但是它对世界不同角落影响的强度各有不同。也就是说，没有一个国家在社会、文化、宗教、经济方面，能与其他国家均等地融入全球的网络。由于科技对全球化重大的影响，在全球化的过程中，诸如北美洲与西欧等已开发国家，占了极大的优势。

若是像古巴、朝鲜与非洲内陆的国家，则因历史与政治的因素，仍然处于相当孤立的状况。如何取得双方的均等，将是未来世界和平与否的重要指标。另外，在国家层次上，全球化也将带来一个国家如何同时满足国内人民与国际社区需求的挑战。大部分的国家无疑地必须面对与学习如何处理这种自己国家与全球社区之间的需求拉锯所衍生的问题。

（二）特殊工商业组织层次

在特殊工商业组织的层次上，有些公司组织在跨国或国际交易的过程中，比较具有竞争性。例如，汽车工业很明显地掌握在本田、福特与宾士克莱斯等几家大公司的手里；电脑工业则受控于 IBM 和 Apple；饮料业则以可口可乐与百事可乐马首是瞻；运动业非 Adidas、Nike 或 Reebok 莫属。其他如银行、财务、化学、药品、石油、天然气、出版等业，也都急速地全球化，并掌握在少数公司之下。

另外，如医疗与建筑，虽然全球化的脚步较慢，但由于跨国性投资的增加，迟早会赶上潮流。这种建立在自由市场意识形态的经济自由化，因全球化潮流的推波助澜，生成了一个现代组织文化的新形态，并且促成了像东协（ASEAN）、欧盟（EU）以及北美自由贸易协定（NAFTA）等区域性联盟的出现。这些组织的跨空间性与对组织文化景观的重划，相对地给企业公司铺了一条通往全球化组织的道路。

（三）个人层次

在个人层次上，全球化的潮流要求每个人对新世界的复杂性必须有所了解，并且进一步发展在全球化社会存在的适应技巧。这种要求的实现，建立在情感、认知与行为三项人类能力的整合，也就是所谓的“全球沟通能力”。全球沟通能力首先以培养全球化社区互连情感为基础，其次以激发了解全球化现象为动机，最后是在行为层次上，发展出可供遵循的制定模式。这乃是把人们塑造成“多元文化人”，共同分享寰宇空间、资源与机会，以建立一个互依互赖社区的过程。

第二节　跨文化商务交际的未来发展

一、新社区意识的建立为基础

在全球化潮流的冲击之下，定义社区意义的旧方法已经失效。随之而来的问题是如何给予社区一个崭新的定义，以适应新时代的需求。新社区与传统社区最大的不同在于它的包容性或共同感。全球化的潮流已经抹平了传统社区的时空界限，把社区的界域提升到了全球的层次，给人们提供了一个了解这个转换过程之庞杂性的挑战，以及学习如何共同协力，创造一个理想的未来世界。

广泛而言，如前面 Walters 指出的，全球化潮流对新社区的影响，主要表现在三个方面：在经济上，物质的交换，包括商业交易与资本累积将紧紧地与在地的社会关系联系着。在政治上，各种援助、安全、胁迫与势力的交换，将扩展到本土外的领地，与其他政治体连接起来。在文化上，包括各种沟通的符号交换，将突破空间的限制，取得解放性的关系发展。

很明显地，新世纪形成的全球化社会并不意味着一个新的社区意识会跟着来临。要达到一个理想的新世纪全球化公民社会（civic society），就必须要建立新的社区意识。建立新的社区意识如同栽培芳草异卉一样，必须经由一段细心照顾调养的过程。在社区生活里，任何人都无法如孤岛一样独居度日。新社区的包容性与全体性的特色不仅融合了不同种族、文化、宗教、性别、信念和感情之间的隙缝，也同时要求所有成员共同投入全球化社会的建设。

另外，新的全球化社区寻求共识与交感，试图以一种喜乐与感恩的情感，诚心面对与讨论成员之间的差异，追求和谐一致的关系。换句话说，在新世纪里，全球化社区就是一种由共同的信仰、价值观和符号表征，而非由社区成员的种族、政治或地理差异，来加以界定的生活方式。

在这个新社区里，经由沟通对话，全球化社会的市民能自由陈述和表达各种思想、论点、信仰、喜怒、善恶，也能使用符号表征来再造自己，并重新定义在全球化社会里，自己喜欢做什么样的人。新社区的最终目标就是要建立一个自主自觉的认同身份和一个整体性的社会环境。在这个整体性的社会环境里，市民们不仅能够和平共存，并且能够合理化他们自身和其他人的举止行为。

从传播学的角度，可以察觉沟通在建立寰宇社区意识的过程中所扮演的重要角色。

二、全球化媒体的冲击为助力

全球化媒体（global media）对人类社会可能带来的冲击，将是跨文化交际未来研究的主题之一。全球化媒体所制造的虚拟环境（virtual environment），不仅提供新世纪社会成员之间相互联系的功能，而且在政治行使的过程中，也扮演了一个决定性的角色。全球化媒体创造了一个有关社区诸问题皆可付之讨论与辩论的“公共空间”，它们引导了市民参与全球化社区的生活，更以其快速与无远弗届的信息传递，推动了多元文化在全球化社会里相互沟通了解的潜力，给人类呈现了一幅新的远景。

网络对全球性连接具有极大的贡献，随着使用的增加与操作的便利，网络已经模糊了大众面对面沟通的界限，而且能使个人与公共的信息，自如地跨越国界，给不同社会里的人们提供一个经常可以沟通的机会。在教育上，网络也无远弗届，广为使用。网络把在不同国度的校园联系起来，轻易地使学生与远在地球另一端的学生沟通。根据研究，这种跨国性的媒体交流，不仅使学生更畅怀地打开话匣子，而且增进了学生对不同文化的了解。

除此之外，研究也发现网络的应用，可以帮助学生同心协力一起工作、解决问题，同时实际性的操作以书写的方式彼此达到沟通的目的；另外，研究还发现，把网络作为学习的工具，可以帮助学生对主题的理解、改进写作能力、培养批评思考（critical thinking）的习惯以及降低对使用电脑的焦虑感。

网络这种全球性媒体渗入了人类日常生活的活动中，可以说是已经重建了人们生活的规律。它的使用转化了物理设置（physical settings）与社会情境（social situations）的限制，并重新界定了时空的意义，以及建立了一个人人可以自由表达思想的环球城（global town）。经由在虚拟空间里自我形象的投射与实境的建立，人类的躯体与环境于是延伸进入了不同的新社区。

在新世纪形成的过程中，媒体同时也像一只猛兽，一步一步地深化了它的商业化（commercialization）、商品化（commoditization）与彼此竞争（competition）的劣根性。受制于广告商的媒体商业化模式的意识形态，很可能会颠覆民主的程序与逐渐毁损得来不易的自由公共空间。因此，我们应该如何来引导媒体发挥其功能以保存固有之政治文化空间与调解来自地方与国家的对抗，未来将决定全球化社会的前途。跨文化交际学者必须责无旁贷，勠力探讨媒体与全球化社会的互动关系，包括全球化媒体兴起沿革，媒体与全球化社会兴起的互证关系，全球化媒体和人类相互了解的关系，网际网络对全球化社会的冲击和全球化媒体所衍生的道德责任问题等几个主要的研究课题。

三、全球化社会市民身份的建立

市民身份（citizenship）乃是一个社会成员，参与共同事物进化的状态。如同文化认同的重新检式，全球化社会的潮流，也促使人们重新界定市民身份的意义。全球化社会的市民身份应该与国籍（nation）和地域性的社区（community）身份等而视之吗？换句话说，人们将如何来谈判协调本土社区的身份，国民的身份和全球化社会的市民身份等三个身份层次的归属问题呢？很明显地，在全球化社会里，没有任何一个国家社会或地方社区的市民有权力利用无知、剥削或其他因文化上的差异所衍生的权势，来排拒各社区与社会之间的平等身份。

参 考 文 献

[1]曹瑞明.跨文化交际基础[M].北京：对外经济贸易大学出版社，2011.

[2]陈建平.商务英语研究[M].杭州：浙江大学出版社，2010.

[3]崔刚.商务交际会话英语[M].北京：北京理工大学出版社，1995.

[4]单晓晖.跨文化交际基础[M].北京：对外经济贸易大学出版社，2015.

[5]董晓波.跨文化商务交际[M].北京：北京交通大学出版社，2013.

[6]冯艳昌.语言·跨文化交际·翻译[M].北京：中央编译出版社，2012.

[7]高彤彤.当代商务英语交际与翻译[M].长春：吉林大学出版社，2018.

[8]高伟.商务交际英语实训教程[M].武汉：武汉大学出版社，2013.

[9]黄静.跨文化商务交际英语[M].上海：上海交通大学出版社，2015.

[10]李桂云，李茂林.商务英语实务教程[M].北京：对外经济贸易大学出版社，2017.

[11]李太志.商务英语言语修辞艺术[M].北京：国防工业出版社，2006.

[12]梁悦，李莹.商务礼仪实务英语[M].北京：对外经济贸易大学出版社，2013.

[13]廖国强，王朝晖.国际商务礼仪[M].北京：对外经济贸易大学出版社，2018.

[14]刘和林.跨文化交际实用英语教程[M].长沙：湖南大学出版社，2016.

[15]刘伟等.会展商务英语[M].上海：复旦大学出版社，2011.

[16]刘晓萍.跨文化商务交际[M].天津：南开大学出版社，2008.

[17]邱飞燕.商务英语交际与沟通实训教程[M].湘潭：湘潭大学出版社，2014.

[18]时秀梅.商务英语交际口语 [M].北京：国防工业出版社，2010.

[19]史宝辉，李健，孙亚.语言交际研究与应用[M].北京：社会科学文献出版社，2007.

[20]王立非.商务英语跨学科研究新进展[M].北京：对外经济贸易大学出版社，2012.

[21]王维波，车丽娟.跨文化商务交际[M].北京：外语教学与研究出版社，2008.

[22]温江霖.职场英语交际能力训练教程[M].杭州：浙江大学出版社，2017.
[23]翁凤翔.商务英语研究[M].上海：上海交通大学出版社，2009.
[24]吴为善，严慧仙.跨文化交际概论[M].北京：商务印书馆，2009.
[25]易志强.现场交际英语[M].广州：华南理工大学出版社，2009.
[26]于瑶.现代商务英语的跨文化交际与应用[M].长春：吉林大学出版社，2018.
[27]余慕鸿，章汝雯.商务英语谈判[M].北京：外语教学与研究出版社，2005.
[28]俞利军.跨文化与商务纵论[M].北京：对外经济贸易大学出版社，2009.
[29]郁文蕾.跨文化商务沟通[M].上海：华东理工大学出版社，2009.
[30]詹作琼，王济华.跨文化商务英语交际[M].重庆：重庆大学出版社，2016.
[31]张佐成.商务英语的理论与实践研究[M].北京：对外经济贸易大学出版社，2008.
[32]周保国.商务交际英语[M].武汉：武汉大学出版社，2009.